読むとなんだかラクになる

がんばらなかった逆偉人伝

日本史編

監修

来耕三

ラスト

ーズワーク

こまき）

主婦の友社

はじめに

歴史上の人物の伝記＝偉人伝を読んだとき、あなたはどんな感想をお持ちになりますか？

立派な行いに感動して、「この人のようにがんばろう」と奮起する人がいるかもしれません。が、一方で「私はこんなにはがんばれない」と感じる人も、意外と多いのではないでしょうか。

現代社会で生きるなかで、仕事、人間関係、ＳＮＳなど、日々、心乱される悩みの種は尽きません。それでいて周囲からつねに、がんばることを前提として励まされたら、正直、心が折れることもあるでしょう。

そんなとき、歴史上の人物の、積極的ながんばりをつづった偉人伝を読んだら、むしろつらくなるかもしれません。

でも、歴史に名を残した人物も、史実を見ると、案外、がんばっていない人が、いつの時代にもいるのです。

本書では、出世やメンツが重要だと考えられた、各々の時代に、がんばらなかったことをポジティブにとらえ、それでいて成功した生涯を送った歴史人物に注目しました。

登場するのは、たとえばこんな人物です。

・本業を放棄して、好きなこと三昧《ざんまい》に生きた人
・問題やピンチから、とにかく逃げて逃げて逃げきった人
・重要な仕事は人まかせにして、知らん顔を決め込んだ人……

一見すると、どれも失敗談のように思えるかもしれません。でも、**登場するのは、がんばらなかったことで自分らしく生きた人たちです。また、ほどよく力を抜いたり、絶望の底であきらめながら、結果的に何とかなった人もいます。**

こうした多様な生き方を見ていると、「立派になること」や「まわりに認められること」だけが、人生のすべてではないと思えてきます。あなたががんばることに疲れたな～と感じているなら、本書をパラっとめくってみてください。

登場する人物のエピソードが、えっ？　本当!?　こんな生き方もアリなんだ、とあなたが思えるヒントになると思います。

加来耕三

1章 逃げてもいい

2章 自分軸で生きる

3章 執着を手放す

4章 人にうまく頼る

5章 振り回されない

参考文献

●加来耕三著『勝海舟と坂本龍馬〈新訂版〉』（出版芸術社、2009年）
●加来耕三著『坂本龍馬の正体』（講談社、2017年）
●加来耕三著『日本史に学ぶ一流の気くばり』（クロスメディア・パブリッシング、2019年）
●加来耕三著『日本史に学ぶ成功者たちの勉強法』（クロスメディア・パブリッシング、2020年）
●加来耕三著『日本史に学ぶ　リーダーが嫌になった時に読む本』（クロスメディア・パブリッシング、2021年）
●安西篤子・小和田哲男・河合敦編著『ビジュアル日本史ヒロイン1000人』（世界文化社、2011年）
●小和田哲男監修『史上最強図解 日本の歴史』（ナツメ社、2008年）
●安藤英男編『石田三成のすべて』（新人物往来社、1985年）
●安藤優一郎著『大名廃業』（彩図社、2023年）
●安藤優一郎監修『日本の名将365日』（辰巳出版、2020年）
●泉秀樹著『日本の歴史を大転換させた幕末維新人物事典』（講談社、1997年）
●泉秀樹著『忠臣蔵百科』（講談社、1998）
●今福匡『前田慶次』（新紀元社、2005年）
●勝小吉著/勝部真長編『夢酔独言』（講談社、2015年）
●近藤みゆき訳注『和泉式部日記 現代語訳付き』（角川書店、2003年）
●詳説日本史図録編集委員会編『詳説日本史図録』（山川出版社、2008年）
●全国歴史教育研究協議会編『日本史B用語集』（山川出版社、2009年）
●東京書籍編集部編著『ビジュアルワイド図説日本史』（東京書籍、2006年）
●吉田兼好著・西尾実・安良岡康作校注『新訂徒然草』（岩波書店、1985年）
●湯浅常山編著・大津雄一・田口寛訳注『続々戦国武将逸話集』（勉誠出版、2013年）

1章

逃げてもいい

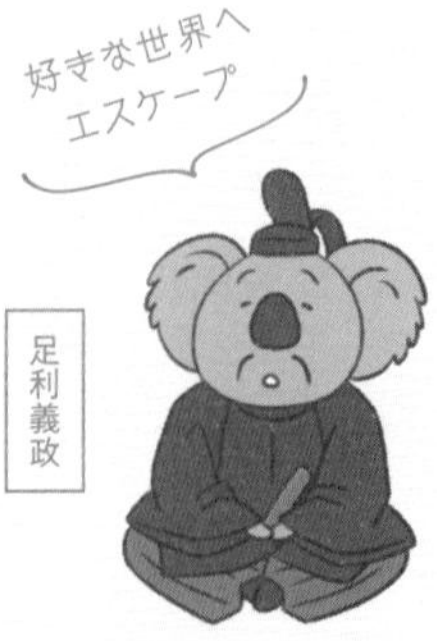
好きな世界へ
エスケープ
足利義政

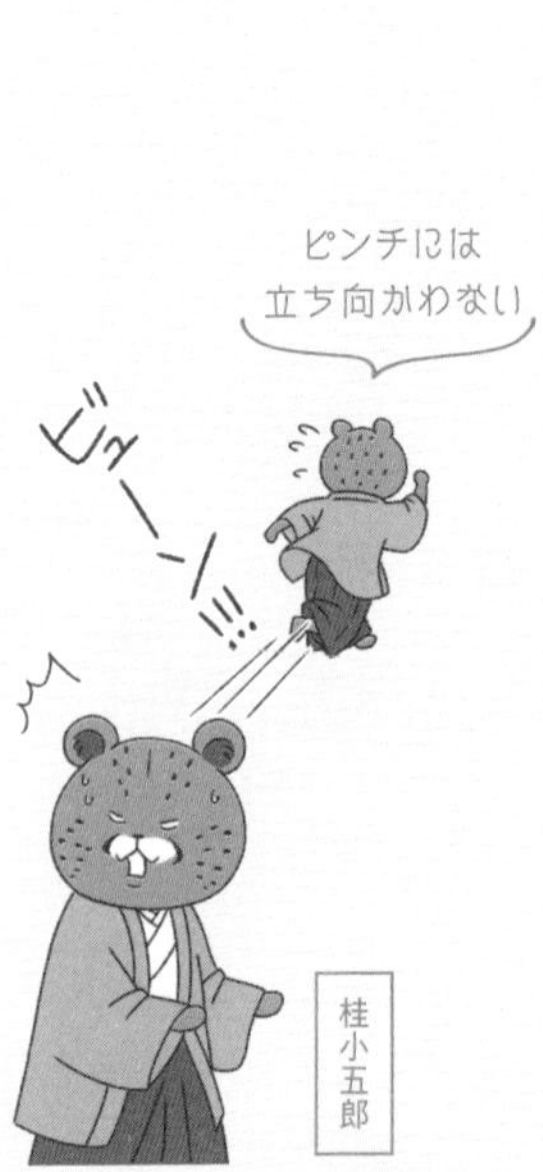
ピンチには
立ち向かわない
ビューン!!
桂小五郎

ストレスフルな毎日を送っていると、
すべてが嫌になることはありませんか？
でも、「逃げちゃダメだ」とがんばってしまい、
心身ともにヘトヘトに……。
無理して踏んばらず、
ときには逃げることも大切なのかもしれませんよ。
逃げたけど何とかなった、
いや、逃げたからこそ人生が続いた、
そんな歴史人物を紹介しましょう。

いったん全部
投げ出してみた！
上杉謙信

つらい現実から
逃げてみるのも
アリ
聖武天皇
反乱
天然痘
飢饉

幕末の長州藩士

桂《かつら》小《こ》五《ご》郎《ろう》

武士のメンツはいらん！
逃げまくったから
維新を成し遂げた

こんな人

1833～1877年（江戸時代～明治時代）。西郷隆盛・大久保利通と並ぶ「維新三傑」のひとり。長州藩代表として「薩長同盟」を成立させる。「五箇条の御誓文」制定に尽力するなど、明治新政府でも活躍する。

こんなあなたの人生ヒントに

- □理不尽なことも飲み込んでしまう
- □休むのがヘタ
- □最後に貧乏クジを引きがち

桂小五郎

逃げに逃げまくる剣豪でした！

長州《ちょうしゅう》藩（現・山口県西部）から20歳で江戸に私費留学、江戸三大道場といわれた練兵館《れんぺいかん》に入門し、一年で塾頭となり、幕末の志士たちの間で「剣豪」として名を知られた男――。

そう聞くと、幕末の志士・桂小五郎《かつらこごろう》（維新後に改名し木戸孝允《きどたかよし》に）は、「敵をバッタバッタと斬り倒す剣の達人」と思われそうです。しかし、小五郎が実際に剣を抜いたという話はありません。**身に危険が及んだときは、とにかく逃げに逃げたのです**。

幕末に薩摩《さつま》藩（現・鹿児島県と宮崎県南西部）と並んで討幕を成し遂げた長州藩。とくに長州藩の中心人物と見なされていた小五郎は、１８６４年の池田屋事件で危機一髪の出来事に遭遇します。池田屋事件は、幕府側の新選組《しんせんぐみ》が旅館の池田屋に集まった長州藩や土佐《とさ》藩など過激派の尊王攘夷*の志士を取り締まり、捕縛した事件です。長州藩の大物である小五郎は、新選組がもっとも捕縛したい人物でした。しかし、小五郎は池田屋への到着が早すぎて人が少なく、いったん対馬藩邸《つしまはんてい》の友人に会いに行ったところ、事件が起こったといいます。新選組に捕まった志士たちは生命《いのち》を落としたり負傷したりした者が多かったなかで、なんと運のいいことでし

＊天皇を尊び外国を打ち払う思想。開国した幕府に対する反対派が主張した。

ょう。持ってる人は違います。

でも、「桂小五郎は池田屋より屋根伝いに対馬藩邸に逃げた」とする長州藩士の手記（誤報）もあり、**この頃から「臆病者」「逃げ上手」という悪評も出始めたようです。**

「逃げの小五郎」爆誕！　ボロを着て大脱走！

池田屋事件のすぐあとに起きた禁門《きんもん》の変《へん》は、長州藩と幕府軍が京都で衝突した戦いでした。長州藩は敗れて京都を追われます。

この戦いでは多くの長州藩士が戦死しましたが、小五郎はというと生命からがら主戦場の京都御所を脱出。汚い身なりに着替え、避難民に紛れて鴨川のほとりに潜伏しました。小五郎は敗北者側なので、京都で幕府側に見つかったらたちまち逮捕ですからね。逃げ上手をここでも発揮しました。

小五郎のすごいところは、武士の面目とか、堅苦しいこだわりが一切ないところです。

当時の小五郎の心情は「とにかく生き延びてさえいれば、なんとかなるさ！」という感じで

桂小五郎

禁門の変後、兵庫県の城崎温泉にしばらく滞在していた桂小五郎。城崎温泉には今でも、小五郎が滞在したという旅館が残っている。

しょうか。汚い格好に変装したり、武士のメンツなんておかまいなし。剣だけでなく、メンタルも相当鍛えられています。食事は、のちに妻になる芸妓の幾松《いくまつ》が、橋の上から下に落としてくれるもので空腹をしのいだといいます。

首尾よく追っ手から逃れた小五郎は、ヤバい京都から離れて遠くへ行こうと、但馬《たじま》国（現・兵庫県北部）出石《いずし》まで逃げました。荒物屋や寺などを転々とし、情報収集をしながら1年近くにわたって潜伏生活をします。

後半は幾松と再会し、城崎《きのさき》温泉にも滞在しました。しっかり休んだあと、「ようし、そろそろ再起を懸けるか！」と長州藩へ戻ります。

逃げまくったことから、「逃げの小五郎」とあだ名がつけられたほどでしたが、逃げてもみじめな感じがなく、どこか明るさがありますね。

生き残ってよかった！　新政府で重要な存在に

長州に戻った翌１８６６年1月、坂本龍馬などの仲立ちで、小五郎は薩摩の小松帯刀《こまつたてわき》*と面会して薩長同盟が成立し、討幕へ向けた動きが加速していきます。その意味でも小五郎の功績は重要で、逃げ抜いて生きていたからこそ、その活躍があったのです。

１８６８年、明治新政府の政策・五箇条の御誓文の最終文案に小五郎が手を入れ、明治天皇の裁可が降りました。その後、版籍奉還《はんせきほうかん》や廃藩置県《はいはんちけん》など新政府の体制作りにも貢献。小五郎は新政府のスタートに、かかせない存在だったのです。その後も１８７１年には「岩倉使節団《いわくらしせつだん》」の副使として、欧米視察に出るなどもしています。

幕末の日本では、「武士の意地」を通して多くの人材が生命を落としています。困難に立ち向

＊薩摩藩の家老で、朝廷や諸藩との交渉役を務めた。薩長同盟にも尽力。

桂小五郎

かったとはいえ、無理ながんばり方だったといえるかもしれません。「逃げの小五郎」がメンツを重んじて死んでいたら、明治政府に木戸孝允はいなかったのですから。**ギリギリまでがんばらず、まずいときにはさっさと逃げる**。無理せず、小五郎流で行きましょう！

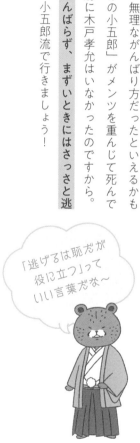

室町幕府8代将軍

足《あし》利《かが》義《よし》政《まさ》

政治はやりたくない！

本業をほうり出し

好きなことに熱中

こんな人

1436〜1490年（室町時代〜戦国時代）。跡継ぎ争いをこじらせ、応仁の乱の原因をつくる。応仁の乱や一揆に対応できず、幕府の力を弱めた。一方で文化の支援に力を入れ、銀閣寺建設などで知られる。

こんなあなたの人生ヒントに

□仕事したくない　□休日、一日中寝てしまう

□ゲームをしていたら一晩たってしまう

本業手抜きで、文化を生みました！

京都の有名な観光名所の銀閣寺は、足利義政が隠居するために造らせた山荘です。

この銀閣寺を中心に、教科書にものっている「東山《ひがしやま》文化」が花開きました。東山文化といえば、「わびさび」をキーワードに落ち着いた趣《おもむき》のある作品が特徴で、今も続く日本的な美のイメージの根源ともいえます。義政ひとりのセンスが、室町中期を代表する文化を生んだのです。

そうしたザ・ジャパンの美意識を形作った足利義政って「どんだけすげえ、文化人なんだ？」と思われるかもしれません。たしかにその通りですが、文化に没頭できたのは、**8代将軍ながら政治にはまったく無関心で**、時間がたくさんあったからなのです。現代に置き換えると、「仕事ではぜんぜん頼りにされないけど、趣味に走って、そっちの世界で有名になった経営者」みたいな感じでしょうか。

では、どうして本業の将軍は「手抜き」になったのでしょう。**実は就任当初から、足利義政はモチベーションを周囲に、奪われまくっていたのです**。

いつも誰かの「あやつり人形」でして…

兄の7代将軍・義勝《よしかつ》の急死により8歳で家督を継ぎ、14歳で8代将軍になった義政。まだ若かったため、将軍補佐職の管領に主導権を握られていました。ほかにも乳母の今参局《いままいりのつぼね》、父の義教《よしのり》（6代将軍）の側近だった有馬持家《ありまもちいえ》、母方の一族・烏丸資任《からすまるすけとう》らも口出ししてくる状況です。「みんないろいろ言ってきて。もう好きにしなよ！」というのが、若き義政の本音だったかもしれません。

そんななかの１４６４年、29歳の義政は、正室・日野富子《ひのとみこ》との間に男子がなかったので、弟の義視《よしみ》を養子にして、将軍の後継者に決めます。ところが、なんという運命の皮肉……。その翌年に、富子が男子・義尚《よしひさ》を出産するのです。

「あなた、次の将軍は義尚ですよ。絶対に義視には渡しません！」と野心でギラついた富子は義視を排斥しようとしますが、当時の幕府の権力者であった管領・細川勝元《ほそかわかつもと》は義視を支持して対立します。困った富子は、同じく有力者であった山名宗全《やまなそうぜん》に義尚の後見を頼みました。山名宗全と細川勝元の対立は、全国の大名も二派に分けます。そのひとつの畠山氏の家督争いを契

足利義政

応仁の乱(1467~1477)の対立構造

	西軍	東軍	
将軍家	(養子)義視	足利義政＝日野富子 (子)義尚	**乱の要因は将軍家** 義政と富子に実子がおらず、弟の義視を養子に。その後、義尚が生まれ、将軍の座を争うことに。
有力大名	山名宗全	細川勝元	**全国を二分する** もともと対立していた山名氏と細川氏が、将軍家の家督争いに参加。全国の大名も二派に分かれた。
畠山氏の家督争い	畠山《はたけやま》持国《もちくに》 (子)義就《よしひろ》	畠山持富《もちとみ》 (子)政長《まさなが》	**戦の口火を切る** 嫡子のない畠山持国が弟の持富を養子にするが、持国に実子の義就が誕生。持富の子・政長と義就が京都で衝突し、戦乱の幕開けに。

※1468年頃の対立関係

機に、1467年に応仁の乱が始まりました。義政は富子に引きずられるように、義視と敵味方に分かれて戦うことになります。

何かしようとする前に、どんどんまわりから要求が降ってきては、主体的に動くことができません。**こうなると、興味を持って政治をしろというほうが無理でしょう。**

政治から心が離れていく一方で、文化に対しては興味津々の義政でした。

政治を捨て「自分の居場所」を見つけた！

1482年、47歳になった義政は、東山

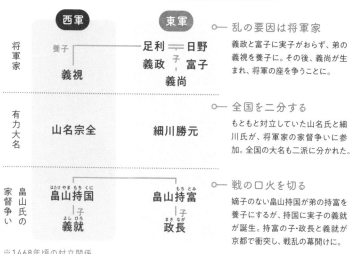

にのちに銀閣寺になる別荘の造営を始めました。翌年には移住し、中心となる建物の観音殿《かんのんでん》は7年後に完成しました。観音殿は当初銀箔を貼る予定でしたが、財政難で断念したといわれています。義政が文化にうつつをぬかしているからといって、幕府も潤沢ではなかったのです。応仁の乱は約10年も続きますから、戦争が長引けば政府が財政難になるのは当然のこと。

為政者としてはリーダーシップを発揮できず、**人から言われると何でもOKしてしまった**という義政。それでも芸術が好きだった義政は、建築や書画、茶の湯、生け花などに熱中し、別荘で風流な生活を送りました。応仁の乱は一段落していましたが、結果的に室町幕府の権威はガタ落ち。各地で守護大名が割拠する戦乱の世が始まっていきます。

群雄割拠で血なまぐさい戦国時代、いわばその引き金を引いた張本人といえる義政。でも当の本人は「あー、癒されるなあ。政治は汚いけど、芸術は美しい！」くらいに思っていたことでしょう。

それでも、禅宗の美意識を採り入れた静謐で奥ゆかしい東山文化は、義政が本業から逃避して、芸術に打ち込んだからこそ生まれたのです。**仕事や勉強にモチベーションを持てなくても、好きなことを楽しむ人生もまたすばらしいとは思いませんか？**

足利義政

殿、政治を…
ぐちぐち
はいはい
わかったよ
面倒だわ～
では、失礼します
大丈夫かな…
よし、
こうなったら…
ぱかっ
← 銀閣寺
御所→
サッサッ
リフレッシュ～♪
やっぱ文化は癒し～
ホッ
実は銀閣寺には
隠し通路が!?

今の仕事をがんばれないと思ったら、無理にがんばらなくてもいい、自分がいきいきできるほかの世界を探してみる人生もアリ！

誰にでも
向き不向きって
あるよね～

戦国武将

上《うえ》杉《すぎ》謙《けん》信《しん》

部下のケンカにすべてが嫌になって突然のエスケープ

こんな人

1530〜1578年（戦国時代〜安土桃山時代）。関東管領（関東の管理者）から上杉姓と職を受け継ぐ。越後国（新潟県）の戦国大名。武田信玄と計5回戦った、川中島の合戦の名勝負が有名。

こんなあなたの人生ヒントに

□部下をうまく束ねられない　□頼まれると断れない

□人の上に立つのが苦手

上杉家って家臣団がケンカばっかりで〜

名将・武田信玄《たけだしんげん》のライバルとして有名な上杉謙信は、代表的な戦国大名のひとりです。自らを武神・毘沙門天《びしゃもんてん》の化身と信じ、領土欲ではなく「義」のために出兵を繰り返し、敗れたのは生涯でたった2回。めちゃくちゃ強い名将でした。

「家臣団のチームワークもよかったんだろうなぁ」そう考えますよね？

ところが実際には、謙信の父・長尾《なが お》為景《ためかげ》の時代から上杉家では争いごとが絶えませんでした。長尾氏は、もともと越後《えちご》（現・新潟県）の守護大名・上杉氏の守護代（守護大名の職の代行人）でした。急に主家をしのぐ力を持った為景に、同族や有力国人衆が激しく反発。越後内で幾度も争いが起こりました。その後、為景が病死し、謙信の兄・長尾晴景《はるかげ》の代になっても内乱は収まりません。それには跡継ぎの晴景が、当主としては若干頼りない器量だったということも要因でした。そこで、頼りない兄に代わってクローズアップされたのが謙信（当時の名前は長尾景虎《かげとら》）でした。この頃、謙信は跡継ぎではなかったため仏門に入っていましたが、内乱制圧に向け、武将として呼び戻されることになったのです。

大名やめて、仏門に入らせていただきます！

謙信は仏門から戻ると、内乱鎮圧でいきなり戦功を挙げます。すると兄・晴景を廃して謙信を守護代に望む一派と兄派に分かれ、また対立が起こります。主君・上杉定実《さだざね》が調停に入り、兄はおとなしく隠居。まわりから担がれて守護代となった謙信は、まだ19歳でした。ところが、家臣の内部抗争は相変わらず収まらないのです。

「頼まれて当主になったのに、仲良くしてくれよー」とでも思っていたのでしょうか。**この状況に悩んだ謙信は、人の上に立つのが嫌になってきました**。それでも8年は、なんとか耐えました。でも、長くは続きません。もともと仏門に入ろうと修行していたのです。悩んだ謙信はお堂にこもって、信仰にのめり込みます。

「やっぱり仏の道に生きよう。大名はもうやーめたっ！」

1556年、27歳の謙信は、突然出家すると宣言し、居城の春日山《かすがやま》城から姿を消し高野山を目指しました。あわてた家臣たちは手分けして探し、謙信にようやく追いついて、必死に「殿！　何とぞ何とぞ、お考え直しください」と懇願。熱心に頼まれた謙信は折れ、家臣団から「以後は謹んで臣従します」と誓紙を差し出させて、再び当主に戻りました。

この騒動から5年後の1561年、武田信玄との一騎打ちがあったという、有名な第4次川中島の合戦が起こっています。その後も、上杉軍が北条氏の小田原城を攻囲した戦い、織田信長軍を撃破した手取《てどり》川《がわ》の戦いなど、有名な合戦の多くが出家騒動のあとで戦われています。手取川の戦いのあと、謙信は「織田軍もこの程度か」と漏らしたといいます。天下に近づいた信長でさえも、軍神・謙信からしたら、屁でもない相手だったのかもしれません。

いったんすべてを投げ出すことで、カリスマリーダーになった謙信。しかし**一度は悩んでエスケープしても、それが逆に家臣団の結束を高めて、後々の活躍につながりました。**

長らく日本では、徹夜してでもなんでも、燃え尽きるまでがんばることが美徳とされてきました。でも、がんばりすぎて体を壊したり、心の病気になったりしたら、元も子もありませんよね。心が折れるまでがんばらずに、困ったら謙信のように一度、身を引いてみると、意外にチャンスが生まれるのかもしれません。

行き詰まったら
無理しない。
いったんリセット
するのも大事！

第45代天皇

聖《しょう》武《む》天皇

新都あっち
問題山積み〜
遷都しちゃおーっと
反乱
天然痘
飢饉

現実から目を背けまくり！
逃げた結果の大仏建立

こんな人

701〜756年（奈良時代）。政治情勢が不安定ななか天皇に即位し、仏教による国家安寧を目指す。その一環として東大寺の大仏を造立した。全国に国分寺を造り、天平文化を花開かせた。

こんなあなたの人生ヒントに

□責任感が強い　□いい人になりすぎる
□見て見ぬフリができない

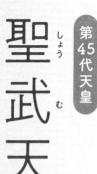

聖武天皇

実は私、ご立派な人物ではございません！

聖武天皇といえば、教科書にも必ずのっている、あの奈良の大仏様を建てた人物――。
この方の名前を聞いて、どんなイメージをもちますか？
「立派な大仏を造ったのだから、きっと堂々とした方だろう」
こんな感じではないでしょうか。ところがこの方、かなり打たれ弱くナイーブだったようです。現代の私たちも、仕事や恋愛などでトラブルが多発したら、「問題から逃げ出したい！」と思うことでしょう。**聖武天皇は、本当に逃げたのです。しかも国家規模で――**。

聖武天皇は、平城京が栄えた奈良時代の天皇でした。
父は第42代の文武《もんむ》天皇、母は藤原家の娘。聖武天皇は、藤原家の娘が生んだ初の天皇でした。天皇と縁戚になり、当時、徐々に力をつけ始めていた藤原家ですが、その対抗勢力である皇族側との衝突もあったため、聖武天皇の治世はかなり不安定でした。

呪いにガクブル…、遷都しちゃうぞ！

そうしたなか、皇族側の急先鋒であった長屋王《ながやおう》が、聖武天皇の第1皇子・基王《もといおう》暗殺の疑いで自殺に追い込まれる「長屋王の変」が起こります。

疑いをかけたのは、武智麻呂《むちまろ》、房前《ふささき》、宇合《うまかい》、麻呂《まろ》の藤原家の4兄弟。それにより、長屋王と彼の妻と4人の子どもを自殺に追い込みます。しかしその数年後、藤原4兄弟は流行《はや》り病の天然痘で、わずか数ヵ月のうちにバッタバッタと亡くなってしまいます。

「た、た、祟りじゃあ～……！」と都は騒然。ウイルスの概念もなかった時代。祟りは今より恐れられており、藤原4兄弟の死は、長屋王の呪いと噂されます。

さらに数年後、政局に不満を持つ宇合の子の藤原広嗣《ひろつぐ》が起こしたクーデターも勃発。天候不順で飢饉も重なります。

相次ぐトラブルに、追い詰められた聖武天皇。「ひぃ～！　とても奈良にはおられん……！」と、**彼がとった行動は、逃げること**でした。縁起の悪い奈良の平城京を飛び出すべく、遷都を決意します。しかし、なかなか「ここだ！」という土地が決まりません。恭仁京《くにきょう》（京都）、難《なに》

聖武天皇の遷都の変遷

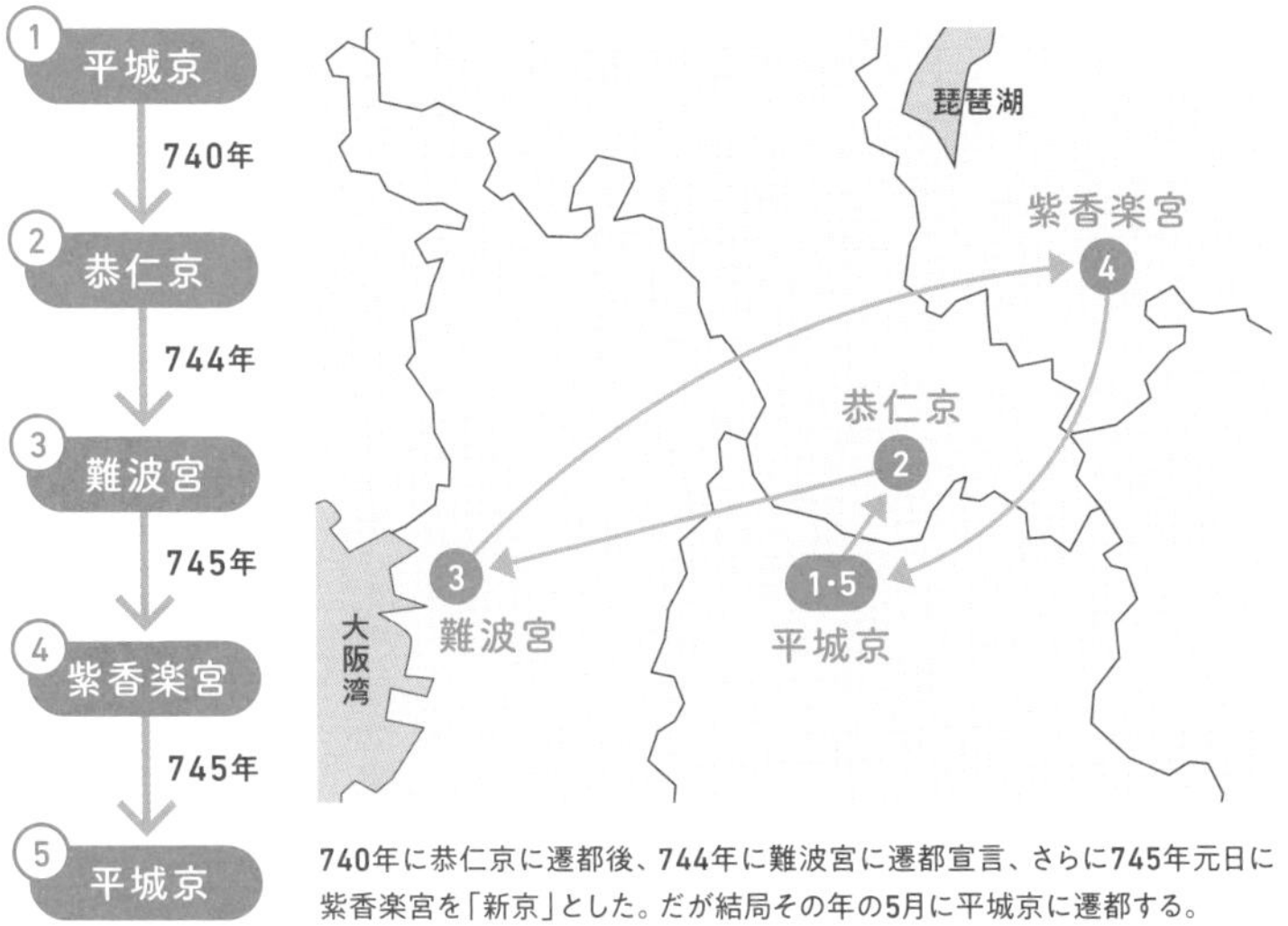

1 平城京
740年
2 恭仁京
744年
3 難波宮
745年
4 紫香楽宮
745年
5 平城京
琵琶湖
紫香楽宮
4
恭仁京
2
3
難波宮
1・5
平城京
大阪湾

740年に恭仁京に遷都後、744年に難波宮に遷都宣言、さらに745年元日に紫香楽宮を「新京」とした。だが結局その年の5月に平城京に遷都する。

波宮《わのみや》（大阪）、紫香楽宮《しがらきのみや》（滋賀）と転々とし、**なんとなんと5年のうちに4度も遷都**しています。それでも天皇は、奈良に戻りたくありません。

逃げていたのに、生きがい見っけ

遷都の旅路のさなか、天皇は河内《かわち》（現・大阪府南東部）で見た仏像に感銘を受けました。**追い詰められた心境で、それは救いの手のように感じたのかもしれません。**国のための大仏造立を決意し、743年に大仏造立の詔《みことのり》を発布。当初は紫香楽宮近くで造立がスタートしますが、いざ始まると周辺で火災が相次ぎ頓挫。大仏造りを再開したのは結局、奈良の地でした。**あんなに奈良から逃げていたのに……！**

でも、新たな夢を持った天皇は戻ってきました。体調を崩し、天皇の位は娘に譲りましたが、大仏造営に力を注ぎます。そして752年、ついに東大寺大仏の開眼供養の日を迎えました。華やかな祭典だったようで、聖武天皇も喜びをかみしめたことでしょう。決して教科書的な聖人君子ではありませんでしたが、大仏を造立でき、最後はほこらしい気持ちだったはずです。

聖武天皇は問題から逃げました。それも**遷都という形で、国家規模で壮大な「逃げ」**を打ったのです。しかし、いったん逃げたことで、かえって新たな夢を持って奈良に帰ってくることができました。

問題が山積みとなり、パニックになることは、誰にでも起こりえます。そうなったときは、この聖武天皇を思い出してみてはいかがでしょうか？ひとまず逃げることで頭がリセットされ、自分のやるべきことが見えてくるかもしれませんよ。

悩みや問題で頭が
パンクしていたら
いいアイデアも
思いつかないし～

がんばりすぎてしまった人たち①

阿部正弘《あべまさひろ》

仕事をしすぎて過労死!?
ペリー来航に対応した老中

18歳で備後福山《びんごふくやま》藩(現・広島県福山市)の藩主になった阿部正弘は、22歳で寺社奉行、25歳で老中に。当時権勢をふるっていた老中の水野忠邦《みずのただくに》失脚後、老中首座《しゅざ》へと出世しました。

当時は鎖国の日本でしたが、欧米列強の開国要求はペリー以前からもあり、その脅威のなかでの門出でした。

動乱に対応するべく、正弘は様々な施策を打ち出していきます。西洋の兵制や砲術を学ぶ「講武所《こうぶしょ》」、洋学の研究・教育機関「蕃書調所《ばんしょしらべしょ》」、長崎には「海軍伝習所」などを次々に設立。また薩摩藩主・島津斉彬《しまづなりあきら》、前水戸《みと》藩主・徳川斉昭《とくがわなりあき》らを幕政に関与させ、幕閣だけが行なっていた幕政を、藩の大名も加えることで刷新しました。

1853年にペリーが来航すると、翌年、日米和親条約が締結され、いよいよ開国へ。200年続いた鎖国政策は終わります。すると政治は開国派・攘夷派に分かれて混迷。攘夷派をなだめるため、正弘は老中首座を堀田正睦《ほったまさよし》に譲り、自らを格下げしました。

その2年後の1857年、阿部正弘は**39歳の若さで老中在任のまま、江戸城内で過労死します**。肥満していた体が死の直前にはやせ細り、一説にはがんが死因ともいわれています。

人の話をよく聞いて、物静かな人物だったという正弘。欧米列強への対応や幕政改革に懸命に尽力しましたが、**そのがんばりが自らの首を絞めたのかもしれません**。

こんな人 1819~1857年(江戸時代)。備後福山藩主から25歳で老中に抜擢。1845年に水野忠邦が失脚すると、老中首座となる。1853年のペリー来航に対応し、日米和親条約を締結したが、39歳で急死した。

2章

自分軸で生きる

人から嫌われても
それが何だ!
つーん
石田三成

協調性など
私の辞書には
ございません!
大村益次郎

自分が楽しいと
思えることしか
したくないのさ
前田慶次

まわりの評価なんて
気にしないわ～
和泉式部

好きなことができていれば
どこにいても幸せだねぇ～
池大雅&玉瀾

やってみたいことがあるけど
人の目が気になってできない、
本当はやりたくないけど断りきれない……。
自分の気持ちよりも相手を優先して
行動していませんか？
でも、そんな生き方は幸せでしょうか。
この章で紹介する人たちの
自由奔放な生き方を知ったら、
もっと自分ファーストで
いいと思えるかもしれませんよ。

マジメに生きるなんて
できねえよ！
勝小吉

丁寧な暮らしだと～？
フン！くそくらえ！
葛飾北斎

平安の女流歌人

和《い》泉《ずみ》式《しき》部《ぶ》

まわりがドン引きしても
恋に一直線！
悪い評判はスルーの達人

こんな人

生没年不詳（平安時代）。『和泉式部日記』の作者。平安時代中期に活躍した女流歌人で、百人一首にも歌が選出されている。天皇の皇子と相次いで恋仲になるなど、恋多き歌人として知られていた。

こんなあなたの
人生ヒントに

□好きなことを好きと言えない　□恋に臆病

□悪口を言われているような気がする

和泉式部

人から何を言われても、私はブレない！

和泉式部は、平安時代中期の代表的な女流歌人で、古典の教科書に載っている『和泉式部日記』の著者とされます。自分と冷泉《れいぜい》天皇の第4皇子・敦道《あつみち》親王との道ならぬ恋のゆくえを、物語風につづった作品です。この作品は親王が亡くなったあと、一年間の喪に服していた1008年頃に書かれたといわれています。

「夢よりもはかなき世の中を、亡き宮様のことを、嘆きわびつつ明かし暮すほどに……」

という書き出しで始まる『和泉式部日記』は、敦道親王との恋の顚末《てんまつ》と、先立たれた親王への思慕が赤裸々につづられています。**恋に生きた歌人として、後世に伝わる和泉式部**。その評価は、作品の情熱ぶりもありますが、彼女の恋愛遍歴にも要因がありました。実は**敦道親王の前には、その同母兄の為尊《ためたか》親王とも恋仲だったという、スキャンダラスな人だったのです**。

さて、和泉式部は敦道親王死去後、一条《いちじょう》天皇の中宮（后）で藤原道長《ふじわらのみちなが》*の長女・彰子《しょうし》に仕えました。このときの同僚には、『源氏物語』の紫式部、和泉式部と併称される歌人の赤染衛門《あかぞめえもん》、伊勢大輔《いせのたいふ》らもおり、宮中はまるで当代一流の才能による華麗な文芸サロンでした。

＊平安中期の公家で、藤原氏全盛期のなかでも栄華を極めた権力者。

恋の名手の職場は華やかだったのですね。ちなみに『枕草子』で知られる清少納言は、一条天皇のもうひとりの中宮・定子《ていし》の女房（女官）でした。

しかし、女性ばかりの狭い職場……。いろいろな噂話も、飛び交ったことでしょう。何しろ和泉式部の奔放な恋愛は、自分は夫のある身で、妻のいる為尊親王に恋したことから始まったのですから。

紫式部は、『紫式部日記』のなかで、「和泉は、けしからぬかたこそあれ（感心しないところがある）」とチクリと記しています。中宮彰子の父・藤原道長も「浮かれ女《め》」と呼んで面白がったそうです。華やかながら、なんだか居心地悪そうな宮仕えですが、**それで心が折れてしまう和泉式部ではありません。噂を気にするような、式部ではなかったのです。**

愛した2人の皇子に先立たれまして…

和泉式部は995年頃、のちに和泉守《いずみのかみ》（現・大阪府南西部の長官）に任官する橘道貞《たちばなのみちさだ》と結婚しました。道貞は地方官僚ですが、藤原道長の側近で「道」の字を与えられています。二人

和泉式部

和泉式部の恋愛相関図

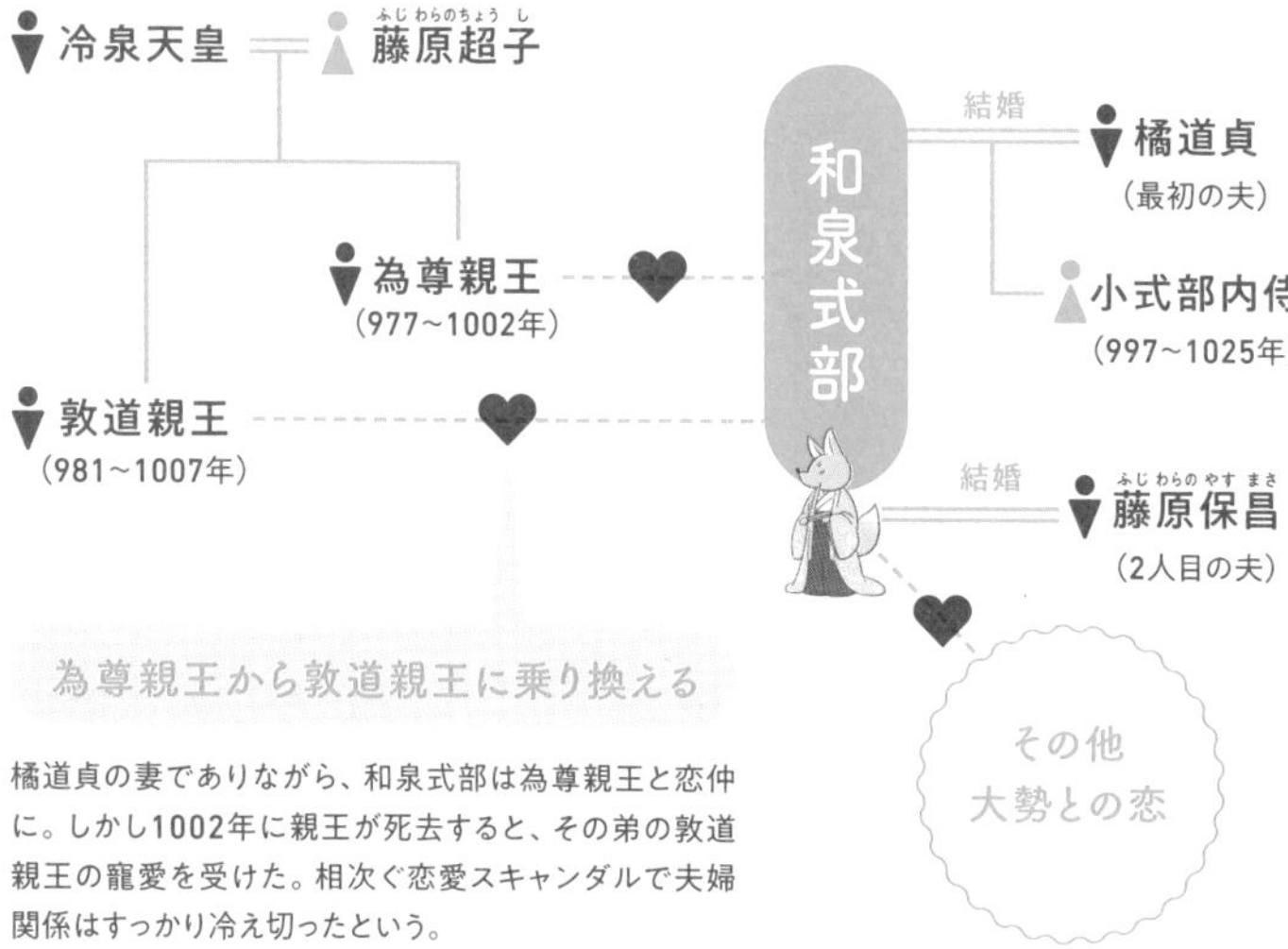

冷泉天皇
藤原超子《ふじわらのちょうし》
為尊親王
(977~1002年)
敦道親王
(981~1007年)
和泉式部
結婚
橘道貞
(最初の夫)
小式部内侍
(997~1025年)
結婚
藤原保昌《ふじわらのやすまさ》
(2人目の夫)
その他
大勢との恋
為尊親王から敦道親王に乗り換える

橘道貞の妻でありながら、和泉式部は為尊親王と恋仲に。しかし1002年に親王が死去すると、その弟の敦道親王の寵愛を受けた。相次ぐ恋愛スキャンダルで夫婦関係はすっかり冷え切ったという。

は、娘の小式部内侍《こしきぶのないし》をもうけますが、だんだん夫婦仲がぎくしゃくし始めたようです。

そんな式部の目の前に、白馬のプリンスが現われます。それが冷泉天皇の第3皇子・為尊親王でした。

周囲を顧みず熱を上げる和泉式部。同僚の赤染衛門らが夫と復縁するよう説得しますが、結局は離婚。

ところがわずか1年（3年とも）後に、為尊親王が26歳で亡くなります。

しかし翌1003年には、その弟の敦道親王としれっと恋仲になるのです。

なんという恋愛バイタリティ……！　しかも、**親王が和泉式部を召人として邸に住まわせたため、正妻は怒って出て行ってしまいました（のち離婚）**。

略奪愛した和泉式部ですが、「私は好きな人と暮らすだけ。まわりのことは関係ないわ！」と、敦道親王とのラブラブ生活は続行。その後、2人の間には男子が生まれています。

しかし、運命のいたずらか、敦道親王も1007年に27歳の若さで死去します。「恋多き」と言えばその通りですが、立て続けに想い人を失った和泉式部は辛かったでしょう。敦道親王への募る想いを筆に託し、『和泉式部日記』は執筆されたのです。

和泉式部が一条天皇の中宮彰子に仕え始めたのは、親王が亡くなったそのあとであり、恋に生きた彼女も30歳をすぎていたといいます。

「深い趣のある手紙のやりとりはしたけど、彼女は感心しないところがあるわね」と紫式部に評されたのは、この頃でしょう。**和泉式部の文章の才能は認めるものの、あまりの恋愛体質ぶりに紫式部もあきれてしまっていた**のです。

最愛の娘も、私の血を受け継いで「恋多き女」に

中宮彰子には、和泉式部の娘・小式部内侍もいっしょに出仕していました。**「恋多き女流歌**

和泉式部

人」なのは母親譲りで、小式部内侍は藤原家の高貴な男性と次々に浮名を流し、藤原教通《のりみち》、藤原頼宗《よりむね》、藤原範永《のりなが》、藤原公成《きんなり》など、多くの貴族と恋愛や結婚を繰り返しています。

しかし、1025年に藤原公成の子を産んだ際、この出産がもとで死去してしまいます。まだわずか29歳（27歳あるいは28歳とも）でした。彼女の急死を周囲の人々は悲しみ、母である和泉式部は悲しみのどん底に突き落とされます。

和泉式部は1013年頃に藤原道長の家司《けいし》・藤原保昌と再婚しており、娘の死去の時期には宮中を辞していました。夫が丹後守《たんごのかみ》（現・京都府北部の長官）に任じられたため、任国に同行したといわれますが、娘の死を知った1025年以降は、その菩提を弔うために仏教に帰依します。

恋の道につき進んだ自分と、同じように生きて先立った愛娘・小式部内侍。和泉式部は宮廷の女官たちになんと言われようが、仏様ならわかってくださる、と思ったのかもしれません。

秀歌を多く残したわ。世間の評判？　なんのこと？

和泉式部のその後の人生は、あまりよくわかっていません。

情熱的な恋の歌は勅撰《ちょくせん》和歌集にも多数入集して絶賛される一方、紫式部や藤原道長ら同世代人評からくる「好色な女性」というイメージは消えることなく続きました。

〽黒髪の乱れも知らずうち臥せば　まづかきやりし人ぞ恋しき

『後拾遺《ごしゅうい》和歌集』に入集した和歌です。

「黒髪の乱れも気にせず横たわっていると、髪をかき上げてくれた人が恋しく思われる」という意味ですが、あふれる恋心を赤裸々に詠む作風で人々に愛されました。

和泉式部

〜あらざらむこの世のほかの思ひ出に　今ひとたびの逢ふこともがな

百人一首にもなったこの和歌は、「私はまもなく死んでしまうが、あの世への思い出に、今一度あなたにお会いしたい」という意味の和泉式部の代表的な歌のひとつです。

百人一首を通じて、江戸中期には庶民の間でも和泉式部人気が高まっています。

「まわりに何を言われても、誰かが決めた常識よりも、自分の心に素直でありたい」

そんな和泉式部の生き方は、周囲の批判はあれどある意味とてもまっすぐでした。

自分の思うままには生きにくい世の中で、「自分軸」で生き、恋の歌を詠み続けた和泉式部だったからこそ、全国各地にゆかりの地や墓が残るほど、伝説の存在になれたのでしょう。

他人から批判されたり、陰口を言われたりすると、普通はへこみがちです。**和泉式部はそんなあれこれに左右されることなく、世間の評判を気にせず、恋愛も歌の糧にして、後世に名を残したたくましさ、図々しさがありました。**まわりから好かれようとがんばって毎日気疲れしてしまっているなら、式部流のスルー術をまねしてみませんか？

今だったら
肉食系女子って
呼ばれるのかしら？

戦国武将

前《まえ》田《だ》慶《けい》次《じ》

出世よりも楽しさ重視！
かぶいてなんぼの
痛快人生

うちに仕えない？
給料は下がるけど…
ん〜〜…
楽しそうだからOK〜♪

こんな人

生没年不詳（戦国時代〜江戸時代）。謎の多い戦国時代の「傾奇者」。加賀百万石の祖・前田利家の甥。仕えていた前田家を出奔して浪々の身に。その後、会津の上杉景勝に1000石で仕える。

こんなあなたの人生ヒントに

- □頭が固いと言われる
- □冗談が苦手
- □最近笑ってない

傾奇者《かぶきもの》といえば、オレのことさ！

戦国末期から江戸初期にかけて、茶道や和歌に通じた風流人ながら、ド派手な格好をし、世間の常識を超えた行動をとる「傾奇者」といわれる男たちが存在しました。武士なら誰もが手柄を立てて出世したいと望む時代に、「オレはいいと思うことだけを信じ、好きなように生きるさ！」と**自由であることや自分が信じる生き方に忠実であろうとした男たち**です。

傾奇者の代表と評される前田慶次は、加賀百万石の大大名・前田利家《としいえ》の兄・利久《としひさ》の養子になった人物です。ところがその生涯や言動に関する記録は少なく、現在の慶次のイメージは、小説『一夢庵風流記《いちむあんふうりゅうき》』や漫画『花の慶次』で固まったものです。

では、実際の慶次は、果たしてどんな人だったのでしょうか？　慶次が養子に入ったとき、利久は尾張《おわり》（現・愛知県西部）の荒子《あらこ》城主でした。しかし、利久が病弱だったことから、主君の織田信長が弟の利家に家督を譲るよう命じます。１５６９年、利久は城を退去し、慶次も**城主の養子に入っていたのに、いきなり牢人（浪人とも）になってしまいました。**

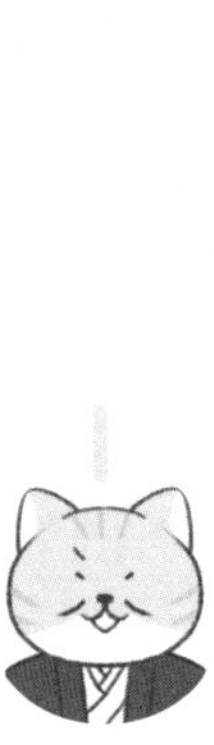

出世よりも、友情優先で生きるぜ

その後の慶次の消息は長く不明でしたが、１５８１年頃になって能登《のと》（現・石川県北部）一国の大名になった前田利家を養父・利久と訪ね、父子で７０００石を与えられています（慶次はうち５０００石）。しかし家禄を与えられても、**慶次は前田家におとなしく収まっていられるタイプではありませんでした**。「ああー、なんか楽しくねえなあ！」と、１５９０年の豊臣秀吉の小田原征伐が終わると、妻子を残して前田家を出奔します。

何にもしばられないで、風流な暮らしをしようと考えた慶次は、その後は京都で牢人生活を送りながら、里村紹巴《さとむらじょうは》や古田織部《ふるたおりべ》といった当時一流の文化人と交流しました。自ら連歌会を主催し、当代きっての文化人だった大名・細川幽斎《ほそかわゆうさい》（藤孝《ふじたか》）もその会を訪れた記録があります。

文化人大名との交流のなかで、「当家の重臣として来てくださらぬか」と、好条件での誘いもたくさんあったといいます。ところが、慶次は男の友情で結ばれた会津（現・福島県西部）の上杉景勝《うえすぎかげかつ》の家老・直江兼続《なおえかねつぐ》のために、わずか１０００石で上杉家の家臣になります。

前田家時代の５分の１の知行であり、普通の武将ではありえない決断です。

前田慶次

世間体や石高よりも、自分の「心の声」に忠実だったことがよくわかります。

上杉家でもオレはただの傾奇者さ！

初めて上杉景勝に目通りしたとき、慶次は土のついた大根3本を持参して、「私はこの大根の

上杉殿、手土産でございます
なんだ！泥大根じゃないか！
ス…
むむっ
大根のようにむさくるしい私ですが
よっ!!
噛めば噛むほど味が出るでしょう
前田殿…
ついでに…
ササッ
じ～ん…
プ～ン
スルメ
噛めば噛むほどおいしい食べ物で甲冑をつくりました
昆布
干し肉
くさ～
やりすぎだー！

ようにむさくるしい者ですが、噛めば噛むほど味が出てまいります」と口上したといいます。

これに対して景勝は丁寧に礼を述べ、大根を受け取ったそうです。普通の大名なら、初めて会った目下の相手にこのような言動をされたら、「無礼者！」と怒りだすでしょう。

ご機嫌とりなどしないありのままの自分を平然と受け入れてくれた景勝の度量に慶次は惚れ込み、「天下にわが主は景勝様一人だ」と公言し続けたといいます。

関ヶ原の戦いで上杉家が会津１２０万石から米沢30万石に減封されたときも、新参の武士の多くは上杉家を去りましたが、慶次は留まり続けました。

上杉家に出仕していた時代、慶次が風呂（現在のサウナ）に出かけた逸話もあります。

慶次が脇差を差して風呂に入るので、ほかの武士たちは「くせ者か!?」と仰天。といって、びびって入らなければ「武士の名折《なおれ》」となります。まわりも、脇差を差したまま入りました。

ところが慶次の脇差は、竹のヘラでした。湯気にあたりながら、そのヘラで足の裏の垢を落とし始めると、本物の脇差を持って入った武士たちは「だまされた！」と怒ったものの、刀はダメになっていたそうです。**「滑稽《こっけい》にして世を玩《もてあそ》び、人を軽んじける」**（『常山紀談《じょうざんきだん》』＊）という慶次の**粋な性格**は、晩年も変わりませんでした。

妻子を残してカルチャー三昧《ざんまい》、雇用先も石高ではなく友情で決めてしまう、ときにはいたずらめいたことをして周囲を驚かす……。武士は出世して少しでも多くの石高や地位を求めよう

＊儒学者・湯浅《ゆあさ》常山《じょうざん》により、江戸時代にまとめられた戦国武将の逸話集。

前田慶次

シャキーン!!
ド派手な甲冑!
するめは付けないけど…

前田慶次のものと伝わる甲冑は、山形県の宮坂考古館に現存している。胴と太ももを覆う部分は真っ赤、肩の部分は金色で魚のうろこを模しているという、なかなか派手なつくり。傾奇者の慶次のイメージにピッタリ!

とする時代に、慶次は異質な存在だったでしょう。

その痛快で軽やかな姿は、**出世や世間体にとらわれず、力まず生きることのすがすがしさ**を伝えています。

自分のやりたいように生きる様子が、まぶしいほどです。そうした慶次の魅力が、後年の創作作品にインスピレーションを与えたことは間違いありません。現代人は人の顔色をうかがい、まわりを気にして自分を見失いがちです。せめて心だけでも、慶次のようにさっそうと大きな構えで過ごしたいものです。

立身出世なんて
知らん知らん!
オレはオレ流を
貫くぜ

浮世絵師

葛《かつ》飾《しか》北《ほく》斎《さい》

絵のこと以外
なんにもやらない
ゴミ屋敷の巨匠

こんな人

1760～1849年（江戸時代）。江戸中後期の浮世絵師。代表作には、富士山の様々な風景を描いた『富嶽三十六景』などがある。世界的に評価され、ゴッホやドガも影響を受ける。

こんなあなたの
人生ヒントに

□片付けが苦手　□ご近所付き合いがしんどい
□好きなことをガマンしている

葛飾北斎

ゴミのなかの巨匠とはオレのことよ

江戸時代後半を代表する浮世絵師・葛飾北斎。西洋絵画の印象派の巨匠、モネやゴッホにも影響を与えた世界的に評価される芸術家です。代表作『富嶽三十六景《ふがくさんじゅうろっけい》』をはじめ、90年の長い生涯で3万4000点という膨大な作品を残しています。

日本のみならず、世界にも名前がとどろくアーティスト。

これほどの偉大な絵師であれば、さぞ立派なアトリエのある大邸宅に暮らしたのでしょう、と思いたくなります。ところが、**その生涯はいつも貧乏との闘い。お金にも衣食住にも無頓着すぎて**、三女のお栄《えい》（葛飾応為《おうい》）が成長して制作助手も兼ね、ともに絵を描くようになって以降も、ふたりでゴミに囲まれながら平然と絵を描いて暮らす生活をしていました。

北斎は生涯で93回も引っ越していますが、これは北斎もお栄も掃除を一切しなかったためです。今でいうゴミ屋敷状態になるまで放置し、限界が来たら転居していました。

日常生活を整えようという気が、まったくないのです。

食事は作らねえ！　カネも数えねえ！

まず食事は、作っている時間が無駄とみなし、すべて出前かいただきもの。そのため竹皮の包みや箱を放置するので、どんどんゴミが溜まっていきます。

しかも出前の代金は、絵の報酬が入った袋を相手に投げ、「カネなんか数えているヒマがあったら、絵を描くんだ！」と、そこから持って行かせていました。これは米屋や薪屋などの生活必需品の商人に対してもそうで、机上に置いてあった報酬の袋のひとつを投げ、集金に来た者はそこからお金を取っていきました。少ない場合は指摘されますが、多い場合は、そのまま持って行かれてしまうこともあったでしょう。

「おじぎ無用、みやげ無用」という貼り紙が、家の入口に貼ってあった時期もあったそうです。衣服は汚いものをまとっただけで、1年の半分は出しっぱなしだったこたつ布団には、しらみが発生していました。

「先生は誰の言うことも聞かないから、好きに描いてもらうしかないです……」

こう門弟のひとりが漏らしていたといいます。これほど荒れ放題で不摂生な生活をしていて

葛飾北斎

ゴミ屋敷で描いた？北斎の代表作

「富嶽三十六景」

富士山をテーマに、様々な場所から見える富士山を描いた作品。全部で46作品ある。なかでも「神奈川沖浪裏」、「山下白雨」、「凱風快晴」などが有名。

「北斎漫画」

人物、動物、風景、植物など、様々なテーマで描かれた絵本。たとえば、同じ男性がいろいろな変顔や、ポーズをとるなど、多様な構図で描かれた。絵を学びたい人を中心に大ヒット。

「富嶽三十六景 神奈川沖浪裏《かながわおきなみうら》」（メトロポリタン美術館）

「富嶽三十六景 山下白雨《さんかはくう》」（メトロポリタン美術館）

も、90歳まで長生きしたのには驚くばかりです。**健全な生活には無縁でも、生きがいがあれば長生きできる**んですね。

殿様や外国人相手でもへっちゃらでぇ！

近所にあった津軽藩《つがるはん》の藩邸（江戸に置かれた藩の屋敷）から、屏風絵の仕事が入ったときのことです。

北斎は藩邸からの招きに応じず、しびれを切らした藩士が、5両の手付け金を持って迎えに来ますが、それでも藩邸に行こうとしません。再度来訪した藩士と今度は押し問答になり、藩士「斬り捨てる！」、北斎「5両返せばいいだろ！」と大騒ぎになりました。数ヵ月後、アポなしで突然、津軽藩邸をふらっと訪れた北斎は、屏風一双を仕上げて帰ったといいます。北斎は**相手の都合で無理強いされるのが、大嫌い**なのです。

天才とは、なんとも気まぐれなものですね……。

江戸時代、鎖国中の日本で唯一公式に貿易を許されたオランダの商館長が、長崎から将軍に拝謁するため江戸に来た際、商館長と同行した医師のふたりから絵2巻をそれぞれ頼まれたことがありました。北斎が完成品を収めに行くと、医師のほうがその場で半額に値切ってきました。これに北斎は大激怒。そのまま帰ってしまいました。

オランダ人からも注文されるほど著名な北斎でしたが、家計は火の車で、お金は切実に必要でした。しかし北斎は、「外国人に、日本人は人をみて値段を変えると思われたくなかった」と言っています。**貧乏がつらくても、そのために自分を曲げてまで作品をカネにしたくなかった**のです。すがすがしい気っぷのよさです。

こうした荒れ放題な生活環境と、偏屈な性格を一切変えることなく、北斎は老境までひたすら絵を描き続けました。

葛飾北斎

「天が私にあと5年の寿命をくれれば、本当の画工になれる」

亡くなる直前、北斎はこうつぶやいたといいます。

日常生活はほったらかしでも、こと画業については、90歳になってもさらにうまくなりたいというのです。芸術に対してのあくなき探求心は、生涯、途絶えることなく続きました。それこそが、天才アーティスト北斎が天才たるゆえんだったのかもしれません。

好きなこと、得意なことに一点集中で打ち込めば、ほかのことにはがんばらなくても、高齢になるまで立派に仕事が続けられるんですね。

近頃は、老後も元気に活躍する高齢者が増えていますが、老いてなお衰え知らずだった北斎は、まさに「人生１００年時代」の先どり！

部屋が汚いだと？
掃除するより
1枚でも多く
描くってんだ！

江戸時代の御家人

勝《かつ》小《こ》吉《きち》

仕事をさぼって
ケンカに女遊び
最強ワルおやじ参上

こんな人

1802〜1850年（江戸時代）。江戸後期の御家人で、勝海舟の父。ケンカ好きで破天荒な「不良直参」だった。37歳で家督を息子の海舟にゆずり隠居する。奔放な人生を描いた自伝『夢酔独言』を残す。

こんなあなたの人生ヒントに

□休み返上で働きすぎてしまう　□まわりのお手本意識が強い

□もめごとを避けようといろいろガマンしがち

勝小吉

オレはガキの頃から乱暴者！

勝小吉と言われても、「誰、それ？」って感じですよね。ところが「勝海舟《かつかいしゅう》のお父さん」と聞かされるとわかるでしょう。勝海舟は、江戸無血開城*を成し遂げた幕末日本の英傑ですが、その父親となれば一体どんな立派な人だろう……と普通なら思うところです。

ところが！　小吉の人生をたどっていくと、**「泰平《たいへい》の江戸時代にこんな人がいたのか？」と衝撃を受けるほどの破天荒さです。**直参《じきさん》の御家人（将軍には御目見得《おめみえ》できない幕臣）らしいことは何ひとつせずに、49年の生涯を吉原通いとケンカと放浪に明け暮れたのです。

小吉は、もともと男谷《おたに》氏という裕福な旗本の三男で、7歳で養子として御家人の勝家に入りました。実父が御家人の株を買ってくれたのです。ところが、養子入りする前の5歳のときに、ケンカして相手の子どもを石で殴り、口にけがをさせています。7歳のときには20～30人を相手にケンカになり、当然ながらボロ負け。悔しいので切腹しようとしたところを、米屋に止められたそうです。この歳でなんという乱暴っぷり……。

＊1868年、江戸幕府が本拠の江戸城を明け渡したこと。これにより、新政府軍と戦争にならずに済んだ。

早く隠居したくてしょうがねぇんだ！

１８１５年、まだ14歳の小吉は、突然、江戸を出奔して上方《かみがた》（京都・大阪方面）に向かいます。直参が勝手に江戸を離れたことがバレたら、家は断絶、本人は切腹です。それでも頓着なく、小吉は上方を目指しました。途中、盗賊に路銀と服を奪われて無一文になりますが、物乞いをしながら食いつなぎ、お伊勢参りを済ませてしまうのです。

途中で病気をしても、「若造、しょうがねえな。こいつでなんか買いなよ」と物乞い仲間や賭場の親分に助けられ、なんとか江戸へ戻ってきました。**常識破りの行動ですが、まわりが放っておけなくなるかわいげがあった**のでしょう。

１８１９年、18歳のとき、勝家の一人娘と所帯を持ちます。それで多少は落ち着くだろうと周囲は期待しましたが、「こんな退屈な暮らし、絶対無理!!」と小吉は再び江戸から出奔し、西への旅に向かいます。

しかし、抵抗もむなしく、結局、連れ戻されてしまいました。実父は怒り、小吉は21歳から24歳までを男谷家の座敷牢で過ごすハメになりました。この時期、１８２３年に長男・勝麟太《りんた》

子どもたちよ
オレのように
なるなよ！…と
楽しそう…

小吉が晩年に執筆した『夢酔独言《むすいどくげん》』。自由奔放に生きた小吉の人生が、誕生から赤裸々に語られている。

郎《ろう》（のちの海舟）が生まれています。

麟太郎が3歳になると、とことん働きたくない小吉は「オヤジ殿、家督を麟太郎に譲って隠居したいのですが」と申し出ます。

小吉には御家人という身分は邪魔でしかなく、息子に当主を譲って自由になろうとしたのでしょう。父は就職活動をさせますが、素行の悪さは折り紙付きの小吉。ついに幕府の役つきにはなれませんでした。

うちの麟太郎は自慢の息子なんだぜ！

小吉は酒と博打はやりませんが、その後

も吉原通いとケンカは相変わらずでした。道場破りもしばしば行ない、江戸でも屈指の剣豪として知られていました。

あとは刀剣の目利きや町の顔役をしてカネをもらって暮らしていましたが、息子の海舟は「オレが子どものときには、非常に貧乏だった」と回想しています。

1838年、小吉は中風を患ったこともあり、37歳でようやく家督を麟太郎に譲ることができました。その後は後遺症などもあり、49歳で亡くなるまで静かに暮らしたといいます。

ハチャメチャな人生を過ごした小吉が、とにかくかわいがっていたのは息子の麟太郎で、7歳で一橋慶昌《ひとつばしよしまさ》の遊び相手として江戸城に召されると、早くからその将来に期待していました。一橋慶昌は13代将軍・徳川家定《とくがわいえさだ》の弟であり、「御三卿《ごさんきょう》」(徳川家の家族)の名家のお坊ちゃんです。不良幕臣の自分には無縁だった高貴な世界に、麟太郎がデビューできたことが本当にうれしかったのです。

「オレほどの馬鹿な者は、世の中にもあんまり有るまいと思う」という書き出しで始まる『夢酔独言』は、息子だけでなく子孫までを思いやった小吉が、「いましめにするがいいぜ」と晩年につづった回想録です。

まっとうな職には、ついにつけなかった小吉ですが、息子の海舟が幕末の江戸を救う大物になったのは、その背中から常識にとらわれない生き方・考え方を学んだからかもしれません。**人になんと思われようがお構いなし、ありのままの自分で自由に生きた小吉の生涯は、世間の約束事に縛られすぎている現代人にとっては、うらやましく、マネはできなくても心の清涼剤**になる存在といえそうです。

一方で、息子を溺愛した一面もあった小吉。そんな愛情深いけど破天荒で好きに生きる父親から、しっかりした子、がんばる子が育つという例でもありますね。

その意味で、小吉の人生は、結果よければよし！　の人生だったともいえるでしょう。

息子が幕末の英雄になったって？
オレのマネしなかったのがよかったんだぜ！

戦国武将

石《いし》田《だ》三《みつ》成《なり》

熱狂的なファンもいればアンチも多数！賛否分かれる嫌われ者

こんな人

1560〜1600年（戦国時代〜安土桃山時代）。豊臣政権の五奉行。少年時代に豊臣秀吉に見出され、秀吉子飼いの武将として活躍。近江佐和山19万4000石の大名。関ヶ原の戦いで西軍を統括する。

こんなあなたの人生ヒントに

□人に嫌われたくない　□人望がほしい

□人の顔色をうかがってしまう

石田三成

秀吉様にとり入っていると嫌われたもんだった

1600年、〝天下分け目〟の戦いといわれる関ヶ原の戦いは、東軍の徳川家康と西軍の石田三成が激突（67ページ参照）。結果、家康が勝利し、徳川の力をゆるぎないものにしました。敗戦した石田三成は、徳川の天下の前、豊臣秀吉政権の五奉行《ごぶぎょう》のひとりでした。五奉行とは、政治の実務面を担う秀吉の家臣のこと（65ページ参照）。それに対して、五大老《ごたいろう》という制度もありました。こちらは豊臣家中の人間ではなく有力大名がメンバーで、豊臣政権の運営を合議で決める制度でした。秀吉が没すると、次の天下をうかがっていた五大老筆頭の家康は、勝手に大名家同士の縁談を進めるなど、秀吉存命中の禁止事項を破って大名たちの懐柔工作を始めます。とくに秀吉の側近であった石田三成は、家康の勝手な動きが許せず、豊臣家のために何とか抑えようとします。

ところが当時、豊臣家臣団のなかには深刻な対立がありました。朝鮮出兵*で現地で苦しい戦いを続けた「尾張《おわり》衆」と主に「近江《おうみ》衆」から選ばれた五奉行との確執が深まっていたのです。尾張衆は秀吉が木下藤吉郎《きのしたとうきちろう》秀吉と名のっていた若い頃からの武将たち、近江衆は秀吉が長浜《ながはま》城

＊秀吉の最晩年に行なった、二度にわたる朝鮮へ進軍のこと。秀吉の死により頓挫する。

主に就任して以降の家臣です。尾張衆を「武断《ぶだん》派」、近江衆を「文治《ぶんち》派」ともいいます。

文治派だった三成は、朝鮮出兵での諸将の働きを秀吉に過小に報告したとされており（68ページ参照）、武断派から憎まれていました。実際、関ヶ原の戦い前年に福島正則《ふくしままさのり》、加藤清正《かとうきよまさ》ら武断派の7人の武将が結託して、三成を討とうとする事件も起こっています。

五奉行のなかでも、とくに秀吉に近かった三成は、合戦の現場で修羅場をくぐった武断派からすれば、**「太閤殿下にとり入って、うまいことやっている」**ように見えたのです。

会社にたとえるなら、現場たたき上げの営業チームと社長秘書室などの内勤チームの軋轢《あつれき》のようなもの。**三成は、本当ならその調整役であるべき**でした。しかし秀吉から信頼され、自負心の強い三成は、自分から進んで武断派にコミュニケーションを求めることはしませんでした。

友人がいなかったわけではないのだ

一方で、三成は秀吉の一家臣でありながら、当時の名だたる大名に人脈を持っていました。

たとえば五大老・上杉景勝《うえすぎかげかつ》の重臣・直江兼続《なおえかねつぐ》です。関ヶ原の戦いのきっかけとなった会津征

＊家康が命令に従わない上杉を討つため会津へ進軍。途中で三成の挙兵を知り、関ヶ原へ。

石田三成

豊臣政権の政治組織

豊臣政権の五大老と五奉行

五大老 有力大名

- **徳川家康**（256万石） 東国担当
- **前田《まえだ》利家《としいえ》**（83万石） 豊臣秀頼の守役
- **毛利《もうり》輝元《てるもと》**（120万石） 西国担当
- **宇喜多《うきた》秀家《ひでいえ》**（57万石） 東国担当
- **上杉景勝**（120万石） 西国担当

五奉行 秀吉子飼いの大名

- **石田三成**（19万石） 主に行政担当
- **浅野《あさの》長政《ながまさ》**（22万石） 主に司法担当
- **増田《ました》長盛《ながもり》**（20万石） 主に土木担当
- **長束《なつか》正家《まさいえ》**（5万石） 主に財政担当
- **前田《まえだ》玄以《げんい》**（5万石） 主に宗教（社寺）担当

豊臣秀吉の家臣団

文治派（近江衆）

石田三成／小西行長《こにしゆきなが》
増田長盛／浅野長政《あさのながまさ》
前田玄以《まえだげんい》

武断派（尾張衆）

片桐且元《かたぎりかつもと》／加藤清正
福島正則／加藤嘉明《かとうよしあき》
脇坂安治《わきざかやすはる》／藤堂高虎《とうどうたかとら》

伐*では、「会津（現・福島県西部）の上杉が挙兵すれば、家康はそちらの討伐に向かう。その間に西国の諸将をまとめるので挟み討ちにしよう」といったように、兼続と三成が事前に打ち合わせていたと推察されています。

有名なのは、同じ近江衆である大谷吉継《おおたによしつぐ》との友情です。家康が上杉討伐のために諸将を動員したので、吉継は三成のもとに立ち寄り「ともに上杉討伐に従おう」と誘いました。しかし三成はすでに上杉と話がまとまっており、吉継には逆に自分についてくれと説得します。驚愕した吉継でしたが、友情のために三成に味方する決断を下します。そして吉継はわずかな手勢で、裏切りの噂があった武将・小早川秀秋《こばやかわひであき》の陣の近くに、わざわざ陣取りました。開戦後、小早川は噂通り裏切りますが、吉継の陣取りはそうした小早川の動きを、いち早く見極めるためのものだったといわれています。吉継は危険を承知で、三成のために動いたのです。

ほかにも五大老の一人で西軍の副将だった宇喜多秀家《うきたひでいえ》は、備前《びぜん》岡山57万石の大名ですが、一貫して三成支持で行動していました。こうして見ると、三成に協力する大名もたくさんいたのです。**自分を嫌う連中を味方にしようとまではしませんでしたが、心が通じ合う仲間もたくさんいました**。自分を誤解したり恨んだりする人間への説明や対応には横着だった三成ですが、当代一流の人物たちに支持されていたのもまた事実だったのです。

えっへん！　意外と優しい一面もあるのだよ

ほかにも、三成に心酔した武将がいました。有名なのは、猛将として名高い島左近《しまさこん》です。左近は多くの大名からの出仕の誘いを断っており、三成の誘いも最初は辞退しました。ところがわずか4万石だった当時の三成は、自分の知行の半分の2万石を条件に提示。感動した左近は

関ヶ原の戦いの対立構造

西軍

石田三成

西軍の総大将は五大老のひとり毛利輝元だが、合戦時は大坂城におり、関ヶ原で実際に指揮をとったのは三成だった。

総大将 **毛利輝元**
宇喜多秀家／小西行長
長束正家／上杉景勝 など

VS

東軍

総大将

徳川家康

家康は、西軍の小早川秀秋に東軍に裏切るように、揺さぶりをかけていたという。

加藤清正
福島正則／藤堂高虎
浅野幸長《よしなが》 など

東軍の勝利

西軍・小早川秀秋が東軍へ裏切り、大谷吉継軍に襲い掛かった。結果吉継は自害し西軍も壊滅。この裏切りがカギとなって東軍が勝利した。

三成を主人に選び、「殿のためなら、一命を捧げます！」と誓います。三成は、**こうと見込んだ人物には徹底した誠実さと真心で接しました。**左近はそれに応え、世間では「三成にすぎたるものが二つあり　島の左近に佐和山《さわやま》の城」とうたわれたそうです。後年、三成が左近に加増しようとすると、「もう禄はいりません。兵を養うのにお使いください」と断られたといいます。**一度惚れ込まれたら、とことん忠義を尽くされる**ところが、三成にはあったようです。

1590年、三成が31歳のときに近江国坂田郡（現・滋賀県彦根市）の佐和山城に20万石弱で入ります。このときの三成は善政を敷いたとされ、領民からも慕われました。とくに農民に向けた掟のなかで、「困ったことがあったら直接、三成に直訴せよ」という内容は画期的です。支配者でありながら、年貢に苦しむ農民への優しさがにじみ出ています。

敵には特別厳しくなっちゃうのだ

三成は、**対立する人間、意見が異なる人間には、しばしば厳しい態度をとる**ことがありました。朝鮮出兵の際、武断派の加藤清正と、文治派の小西行長が互いに先陣を争いました。三成と行長は朝鮮側との早期講和を模索、一方、清正は朝鮮やその先の明国（中国の王朝）からの領土獲得を唱えており、意見が対立していたのです。三成が秀吉に戦況を報告した際、清正について悪く報告したとされ、清正は秀吉の怒りを買って日本に戻され蟄居《ちっきょ》させられています。これを機に、清正と三成の関係には亀裂が入ったともいわれます。

三成の行動は、豊臣政権の財政面や兵力の疲弊などを、総合的に考えてのものでした。それを清正に伝え、話し合う道もあったかもしれませんが、「話してもどうせわからない」とばかりに、三成は強硬姿勢に出てしまったのです。

「武断派」「文治派」の対立は、三成の融通が利かない振る舞いが古参の諸将の悪感情を必要以

上に刺激してしまったところに原因があります。しかし、関ヶ原の戦いで西軍の総大将を引き受けた毛利輝元は、五大老では家康に次ぐ石高の大大名ですし、領国会津で「反徳川」を掲げて挙兵した上杉景勝も五大老です。宇喜多秀家を含め、五大老のうち3人が西軍についたのです。結果的に三成は合戦に敗れたものの、家康の楽勝だったわけではなく、わずか20万石弱の三成が家康と互角の勢力を集められたことは驚くべきことです。

三成は豊臣家臣団を円滑に回すことには力を注ぎませんでしたが、思いを同じくする仲間たちと、徳川家康という大大名と真っ向勝負を演じたのです。**実直に心から通じ合った仲間と連携プレーができれば、自分ひとりではとてもなし得なかった大きな仕事ができる**ことを、三成の戦いは教えてくれています。

誰にでもいい顔をしようとがんばりすぎている、そこのあなた。それよりも三成のように、全力で信じ合える仲間を探すほうが、人生ラクになるかもしれませんよ。

まあ、清正を
そんなに
つっぱねなくても
よかったかも?

文人画家夫婦

池《いけの》大《たい》雅《が》&池《いけの》玉《ぎょく》瀾《らん》

貧乏でも汚部屋でも好きなことができればOKの似たもの夫婦

こんな人

1723~1776年／1727~1784年（江戸時代）。江戸中期の画家で、中国の南宗画を日本的にアレンジした「南画」の大成者。「楼閣山水図」など3作品が国宝、10作品以上が重要文化財（大雅）。

こんなあなたの人生ヒントに

□何か栄誉のある賞が欲しい　□人のペースに合わせてしまう

□世間の目を気にしすぎる

池大雅＆池玉瀾

共通の師匠のご縁で結ばれました

中国の明《みん》の時代末期に活躍した董其昌《とうきしょう》（１５５５～１６３６）に代表される、官僚や知識人が描いた作品を南宗画《なんしゅうが》（文人画《ぶんじんが》）といいます。一方で、職業作家が宮廷などで描いたものが北宗画《ほくしゅうが》です。南宗画をもとに日本的な趣味や西洋の遠近法を採り入れたものを「南画《なんが》」といい、柳沢淇園《やなぎさわきえん》（１７０４～１７５８）を先駆者とします。

京都祇園の茶屋の女亭主で、歌人としても知られた百合《ゆり》の娘だった池玉瀾。幼い頃から常連客だった淇園から絵の手ほどきを受けていました。「玉瀾」の号を授けたのも淇園です。こうした縁から、淇園は弟子のなかでも才能あふれる４歳年上の池大雅を玉瀾と引き合わせたのでした。「先生がおすすめの女性でしたら、ぜひに」と大雅も応え、ふたりは夫婦になります。

大雅は京都の下級役人の子でしたが、父が早くに亡くなり、貧しい家庭に育ちました。７歳には、早くも書の世界で「神童」と讃えられています。淇園は、そんな大雅の画才を見抜き、南画を教え始めたのでした。

結婚は大雅29歳、玉瀾25歳のときだったといいますが、この夫婦には、**絵のこと以外にはま**

ったく興味を示さない、トンデモなエピソードが数多く残されています。

ぼんやりしているようで、息ぴったり？

大雅が難波（現・大阪府大阪市）へ出かけたときのことです。夫が筆を忘れていったのを知った玉瀾は、筆を持って走り、建仁寺《けんにんじ》（伏見稲荷《ふしみいなり》とも）の前でようやく追いついて手渡しました。

「どちらの方でしたかな？　よく拾ってくださいました」

大雅が礼を言うと、玉瀾も何も言わずに帰宅したというのです。おそらく考えごとでもしていて、妻の顔さえよく見ずに受け答えしたのでしょう。あるいは夜だったのでは、ともいわれています。しかし、声でわかりそうなものです。この話からは、**ともに絵には一生懸命だけれど、互いのことさえさほど気にかけていなかった様子が伝わってきます**。


ふだんの生活もこの調子だったようで、それぞれ一日中紙と墨に向かって、食事のために必要な釜やカメにほこりがかぶっていても、まるでお構いなしだったといいます。

池大雅＆池玉瀾

池夫婦の作品とその流派

池夫婦は、日本で発展した「南画」と呼ばれる画派の画家だった。

南画とは？

室町時代に中国から日本に伝わった南宗画（文人画）が、江戸時代中期以降にさかんに。そこからさらに日本的に解釈されたのが南画で、大雅や与謝蕪村《よさぶそん》が大成させたジャンルといわれる。

「秋景山水扇面図《しゅうけいさんすいせんめんず》」池玉瀾（メトロポリタン美術館）

「夏と冬の風景」池大雅（メトロポリタン美術館）

「そんなに荒れた生活では、夫婦関係もギスギスしていたのかな？」と思ってしまいますが、そんなことはありません。

大雅が酒を出してくると玉瀾もいっしょに飲み、大雅が三弦（中国伝統の楽器）を演奏して歌えば、玉瀾は箏《こと》（琴に似た楽器）を弾いて合わせて歌ったといいます。**「打てば響く」ような、うらやましいくらい絶妙な間合いのカップル**だと思いませんか？

世間的な栄達からも、他人からの評価にも、まったく無頓着な夫の大雅に、妻の玉瀾も呼応するように暮らしていました。

「絵さえ描いていれば夫婦円満だなんて！」と、驚きですね。好きなことが同じで、本当に仲のいい夫婦というのは、言葉すらいらなくなってしまうのでしょう。

家のなかは散らかり放題でも気にしません

家のなかの状態も相当なものだったようで、絵の謝礼金を受け取ってもそのままくず箱に入れ、必要になったら出して使っていました。ある客人が大雅の家に泊めてもらったときは、垢だらけの布団を出されてびっくりしたそうです。「本人たちは、いったいどうやって寝ているんだ」と興味を持った客人が、夜中になって夫婦の寝室を覗いてみると、大雅は毛氈《もうせん》（毛織物の敷物）にくるまり、玉瀾は描き損じの反故紙に埋もれて寝ていたといいます。

和歌を学ぶために夫婦で和歌の名家・冷泉《れいぜい》家に参上した際には、同家の女房たちは「玉瀾」という名からどれほど美しい夫人が来るかと待っていたら、木綿の着物を着て魚籠《びく》（魚を入れるためのカゴ）を提げた行商の女性のような姿を見て、皆が驚いたという話もあります。

とにかく**世間向きのことは、何も気にしないのが池夫婦の流儀**だったのです。

仲睦まじくいつもいっしょかと思えば、旅と登山が好きで案外アウトドアな大雅は、仲間と富士山の話で盛り上がると、「これから富士山に登りに行こう！」と突然、旅支度を始めます。妻をおいて家を出ると1ヵ月も家に帰らずに、富士山とその周辺を旅して戻ってきたそうです。**この無言の信頼関係には、圧倒されるしかありません。**

１７７６年、大雅は54歳で亡くなります。大雅は生前、自分が没したあとも玉瀾が生活に困らないようにと書画をたくさん描きためていました。玉瀾はそのおかげで不自由のない生活ができた一方、夫亡き後は独自の画法を深め、大雅の画風とは違う個性を開花させ、58歳でこの世を去りました。

好きなことも生活のリズムもまるでいっしょだった池夫婦は、貧乏でもふたりのペースで楽しく生きました。その結果、書画に没頭して才能を存分に発揮できたのでした。ガマンや不満を抱えて維持される夫婦関係も多いなかで、**つねに自然体でいながらお互いを支え合って添い遂げたふたりからは、無理をしない夫婦円満のコツ**が学べるかもしれません。

トンデモでも
似ていれば
いっしょに暮らすの
ラクだよね〜

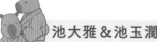

幕末の長州藩士

大《おお》村《むら》益《ます》次《じ》郎《ろう》

夏は暑いのがあたりまえです!!
暑いですね〜っ

兵学以外はアウトオブ眼中 まわりを怒らせる 幕末のコミュ障軍人

こんな人

1824~1869年(江戸時代~明治時代)。長州出身の幕末の軍人・医師・洋学者。兵学の才能を認められ、医者から軍人へと転身。明治日本の近代的軍制を創設した。旧幕府派の彰義隊と上野戦争で戦い、勝利する。

こんなあなたの人生ヒントに

- □雑談が苦手
- □人の目を気にする
- □気づかずに相手を不快にさせていないか心配

大村益次郎

靖国神社の銅像、あれ、私です

東京・九段坂上にある靖国神社の参道には、高さ12メートルの巨大な銅像が建っています。左手に双眼鏡を持ち、はるか彼方を見据えるその姿に、「顔がよく見えない。いったい誰なんだろう?」という声も多いとか。この人こそ、日本の近代的軍制を完成させ、靖国神社の前身の東京《とうきょう》招魂社《しょうこんしゃ》の創建に尽力した大村益次郎です。

明治新政府と旧幕府軍との戦いである戊辰《ぼしん》戦争での戦死者を弔う場を定めた益次郎は、日本陸軍の基礎を築いた維新の英傑でした。しかし、招魂社創建の勅命が降りた1869年、京都の旅籠で同じ長州藩《ちょうしゅうはん》の不平分子に襲われ、その大ケガにより46歳で亡くなっています。

彼の死の際は、西郷隆盛《さいごうたかもり》、木戸孝允《きどたかよし》(桂小五郎《かつらこごろう》)、伊藤博文《いとうひろぶみ》、大隈重信《おおくましげのぶ》ら明治政府の大物たちがこぞって「兵学の才」を惜しんだという大村益次郎ですが、彼には大きな欠点がありました。**あまりに頭の回転が速すぎるため、まわりの人への説明が足りないのです。**人とのコミュニケーションに関して、益次郎はずっと横着でした。

社交辞令やご機嫌取りは無用なのです

１８６８年、薩長（薩摩藩《さつまはん》と長州藩）を中心とする新政府軍が江戸に迫ると、新政府軍の西郷隆盛と旧幕府側の勝海舟《かつかいしゅう》の直談判によって、江戸無血開城が決定します。しかし納得できない彰義隊《しょうぎたい》（最後の将軍・徳川慶喜《とくがわよしのぶ》の警護を担っていた部隊）は、上野の山に立てこもって反乱を起こします。これを上野戦争と言い、新政府軍の総指揮官を任されたのが大村益次郎でした。

江戸市中を戦火に巻き込まないで、しかも夜を待たずに攻め陥すため、益次郎が考えた布陣図は、精強な薩摩兵を敵の正面に据えたものでした。軍議の席でこれをじっと見ていた西郷が、「これは、薩摩兵を皆殺しにするつもりでごわすか？」と益次郎に質問します。すると「しかり（その通り）」とだけ答えた彼は、あとは一言も発しません。

そのそっけなさにさすがの西郷も絶句し、引き下がったといいます。

この軍議で大村は、戊辰戦争で益次郎と同じ東海道先鋒総督参謀である海江田信義《かいえだのぶよし》（薩摩藩）とも意見が対立。「君は戦《いくさ》を知らぬ」と言い放った益次郎に海江田は大激怒。あわてて西郷が間に入り、懸命になだめたという話が残されています。

大村益次郎

一般の人に対しても言葉が足らず、「今日は暑いですね」と挨拶されると、「夏が暑いのは、当り前です」とそっけなく返していたそうです。

こうしてみると、益次郎は明らかに人とのコミュニケーションが苦手なのですが、だからといって**無理をして人に合わせてがんばろうとはしませんでした。**

長州の村医の子である益次郎は、若き日、蘭学を学ぶため大坂の緒方洪庵《おがたこうあん》の適塾《てきじゅく》で学び、塾頭（塾の責任者）にまでなっています。ほかに塾頭になった著名人には福沢諭吉《ふくざわゆきち》がいますが、益次郎は開明的な福沢とはソリが合わず、師の洪庵の葬儀で会ったとき、攘夷について激しい口論になったと伝わっています。**「ただ調子を合わせるだけの会話なんて、なんの意味もない」**という考えなのか、どんな場合でも益次郎は率直にしか発言しなかったのです。

また蘭学を修めるため遊学していた若き日、父に頼み込まれて故郷に帰り、村医を継いだことがありました。しかし益次郎は無愛想なうえに治療が下手。医者は数年で廃業してしまったといいます。その後、宇和島藩《うわじま》（現・愛媛県宇和島市）に洋式兵学者として仕えますが、蘭学を学んだといっても、医学よりも軍事のほうが得意だったのです。ある意味で不器用ともいえますが、親に頼み込まれても、できないことはできないという姿勢には、学ぶべきところがあるかもしれません。やる気がおきないことも**人に言われたからやるというのでは、やりがいを**

感じる仕事はできないのです。

さて、西郷を唖然とさせ、海江田を激怒させた益次郎の上野戦争での軍略は、結局、彼の計画通り、江戸市中に飛び火させることもなく夜までに反乱軍を鎮圧しました。周囲と激しく対立したものの、彼の軍略はホンモノだった証しでしょう。根回しや懐柔などの人間関係で解決するようなやり方には力を割かず、兵学のプロとして自分のプランを具現化することだけに傾注したのです。益次郎が、「同僚の意見も聞いて考えるか」などと協調するタイプだったら、作戦そのものが調整を迫られて変容し、思うような結果を得られなかった可能性があります。

現代でもスポーツの監督などは、試合が始まれば「ちょっとスタッフと調整して……」などということはありえません。益次郎のように、**まわりから好かれなくてもビジョンを実現するためにドンと構える「嫌われる勇気」**こそが、チームに結果をもたらすのでしょう。

コミュニケーション
下手でも
実力が発揮できれば
いいのです！

がんばりすぎてしまった人たち②

孝謙《こうけん》天皇

僧侶の「推し活」にのめり込んで自爆

孝謙天皇は奈良時代の女性天皇で、父は聖武《しょうむ》天皇（28ページ）です。孝謙天皇は皇位を9年ほどで後継者の淳仁《じゅんにん》天皇に譲って上皇に即位しますが、ふたりの仲は次第に微妙になります。きっかけは、孝謙上皇が僧・道鏡《どうきょう》を寵愛したこと。761年、上皇が近江（現・滋賀県）に行幸した際に病気を患い、それを道鏡が看病したのが出会いでした。

その後、上皇は奈良の平城京に戻るも、淳仁天皇との仲は悪化。764年、淳仁天皇の側近の藤原仲《ふじわらのなか》麻呂《まろ》が乱を起こしたのを機に、淳仁天皇も流刑に。そして孝謙天皇は、称徳《しょうとく》天皇として再び即位しました。同時に道鏡も出世し、天皇に準ずる法王にまでなります。無論その裏には天皇の後押しがあり、政治は天皇と道鏡の二頭体制となりました。天皇は道鏡を次期天皇にと考えます。

769年、宇佐八幡宮（現・大分県宇佐市）の「道鏡を天皇にせよ」という嘘の神託を利用して、ふたりは皇位を狙います。しかし、貴族の和《わ》気清麻呂《けのきよまろ》がこれを虚偽と報告。道鏡を後継者にしたかった天皇は怒り、清麻呂を流罪にしますが、道鏡は失脚。称徳天皇も翌年に崩御します。僧侶が皇位を狙う前代未聞の事件に、天皇が力添えしたのです。

称徳天皇が強烈に「推し活」したことが、かえって道鏡の権勢を短命なものにしてしまいました。

こんな人　718〜770年（奈良時代）。749年に天皇として即位、758年に淳仁天皇に譲位するが764年に淳仁天皇を流罪にし、称徳天皇として再び即位した。法相宗の僧・道鏡を寵愛し、政治と仏教の癒着を招いた。

3章

執着を手放す

うまくいかなきゃ
次にいってもいいさ
徳川慶喜

やらかしても
気にしなーい
今川氏真

まわりと比べても
意味ないし〜
京極初

執着心を持つと、
なかなか生きづらいものです。
期待どおりに振る舞わなきゃと思ったり、
昔はよかったと過去と比べたり、
過去のもめごとをひきずったり……。
あなたのその悩みも、
こだわりを捨てるとラクになるかも？
歴史人物の執着の手放し方を、
学んでみましょう。

ほどほどで
いきましょう
織田有楽斎

過去には
こだわらんよ
徳川家康

戦国武将

今《いま》川《がわ》氏《うじ》真《ざね》

お家を滅亡させちゃっても蹴鞠《けまり》に夢中のカルチャー好き

こんな人

1538〜1614年（戦国時代〜江戸時代）。桶狭間の戦いで父・今川義元が討たれたあと今川家当主に。短期間で徳川・武田に領土を追われ、今川家は滅亡する。晩年は文化人として、家康に庇護された。

こんなあなたの人生ヒントに

□ブランドや肩書きが気になる　□メンツにこだわる

□生活レベルを下げられない

今川氏真

ガーン！　頼れる父上が急死しちゃった…

「海道一《かいどういち》の弓取《ゆみと》り」という言葉があります。「東海道一の大名」という意味で、東海道沿いの駿河《するが》（現・静岡県中部）・遠江《とおとうみ》（現・静岡県西部）・三河《みかわ》（現・愛知県東部）を領有した大大名・今川義元《いまがわよしもと》はそう評されました。

今川氏真は、その義元の嫡子として１５３８年に生まれました。

１５６０年、約10倍の兵力で尾張《おわり》の織田信長を討とうとしていた義元は、桶狭間《おけはざま》の戦いでまさかの討死《うちじに》を遂げます。このとき、氏真は23歳でした。

「なんと、父上が……！　よし、この氏真が何とかしなければ」

甲斐《かい》（現・山梨県）の名将・武田信玄《たけだしんげん》の姉を母に持ち、関東の雄・北条氏康《うじやす》の娘を妻とした氏真は、周囲の大名との親戚関係も強く、領国の大きさからも、当面は安泰のはずでした。

しかし、桶狭間で多くの優れた重臣を失ったことに加え、とくに三河出身の武士たちである三河衆はつねに合戦の先陣で駆り出されていたため、今川氏への強い不満がたまっていました。巨大組織とはいえ、下請けにつらい仕事をさせ続けてきたことのツケが回っていたのです。

当主になったけど、お家を滅亡させちゃった

桶狭間の戦いの折、最前線にいた松平元康《まつだいらもとやす》（のちの徳川家康）は、今川氏の岡崎城代《おかざきじょうだい》（城主に代わって城を守る者）が逃げ出すと、元の自領の岡崎に入りました。元康は長年、今川家の人質だったのです。「なにぃ、元康が戻らないだと!!」と、人質とはいえ約12年間も大切に接してきた元康の手のひら返しの行動に、氏真はさぞ驚き、怒りまくったことでしょう。

元康は独立するとすぐに今川氏と断交し、２年後に織田信長と同盟を結び、翌１５６３年には徳川家康と改名します。

信長と結んだ家康は、その後、武田信玄とも「駿河は信玄、遠江は家康が攻め取る」との密約を結びました。武田氏と今川氏は同盟関係にあったのですが、信玄は義元の死後、今川氏の領土に狙いを定めて裏切ったのです。今川氏の累代の家臣からも、裏切りが続出していました。

１５６８年、信玄が本格的に駿府に侵攻すると、氏真は代々本拠地の駿府を捨てて西へ逃げてしまいます。このあたり、**ここ一番で踏んばりきれない氏真の残念なところ**です。駿府は占領され、氏真は掛川《かけがわ》城に逃げ込みますが、家康の猛攻にあって降伏開城に追い込まれました。

今川氏真

「こうなったら、妻の実家の北条氏を頼ろう」と、氏真は今川家を維持することをあきらめます。**今川氏という伝統の大名ブランドをダメにしてしまった**わけですが、彼はそこにとらわれない新たな生き方に向かいます。氏真には、ほかの大名にはない「文化力」があったのです。

京都文化に憧れが強かった父・義元は、嫡子の氏真に公家文化のひと通りのことは学ばせていました。そのおかげで、31歳だった氏真は、**政治力・軍事力より、文化力で戦国の世を生きることに発想を転換**できたのです。

私に蹴れない鞠などなぁ～い!
私は蹴鞠のファンタジスタ氏真!
今日も特訓だー!
殿～!
今川家が滅びました…
ララ…
あれー?いつのまに～?
てへへ

今川義元が父、武田信玄は親戚
それでも家を滅ぼしちゃったぜ！

名将・義元の嫡男として生まれ、氏真の妹・嶺松院《れいしょういん》の夫は信玄の息子。さらに、氏真の妻は北条氏の娘であり、周辺国と固い絆で結ばれていたはずだった。

当代一流の文化人に転身！

氏真はしばらく北条氏のもとで保護されますが、やがて北条氏と武田氏との和睦が成立すると追い出されてしまい、かつて人質としていた家康の庇護下に入ります。

ここに至って、氏真はようやく落ち着いて自分らしく生きられるようになりました。1575年には、京都の公家たちと交わり、信長の前で蹴鞠《けまり》を披露したという記録が残っています。蹴鞠は平安時代から宮中で行なわれていた球技。複数人が輪になって鞠を足で高く蹴り上げ、地面に落とさず続けるという

今川氏真

もので、上流文化人のたしなみとして続いてきたものです。しかし、信長・秀吉・家康はもちろん、戦国大名でたしなむ人はほとんどいませんでしたが、公家文化に親しんできた氏真は達人の域だったといわれます。**「国は失ったけど、文化の世界で活躍すればいいんだ」**と、氏真は自分の存在価値に気づいていったことでしょう。

１５９１年には、氏真が京都で公家たちの連歌の会などに度々参加したという記録が残っています。連歌・和歌も当代一流でした。晩年は江戸の品川に住み、１６１４年に77歳という長寿をまっとうしました。

その後、氏真が手元で養育した嫡流の孫・今川直房《なおふさ》が、幕府の高家《こうけ》（幕府の儀式・典礼を司る世襲の名家）・新生の今川家初代となって明治維新まで続きました。

氏真は、大名としての今川家は失いましたが、後半生は文化の世界で尊敬されました。大大名のブランドにこだわらず、転身できたからこそ、自身にも今川家にも未来があったといえるでしょう。

一度失敗しても、それを無理に挽回しようととらわれないこと。それよりも、好きなジャンルに転向して実力を発揮するほうが、長い目でみれば幸せにつながるのかもしれません。

今川ブランドに
こだわってたら
天寿をまっとう
できなかったかも

江戸幕府15代将軍

徳《とく》川《がわ》慶《よし》喜《のぶ》

政権のトップ→
愛される趣味人へ
名声を捨て悠々自適の生活

こんな人

1837～1913年（江戸時代～明治時代）。江戸幕府最後の15代将軍。朝廷に大政奉還し、武士の世を終わらせた。鳥羽・伏見の戦い直後に大坂城から脱出、その後は新政府に恭順する。

こんなあなたの
人生ヒントに

□昔の自慢話を繰り返してしまう　□気分転換が苦手
□柔軟ではないと自覚している

徳川慶喜

13代将軍家定《いえさだ》の跡継ぎ問題

13代将軍・家定の死後、跡継ぎ問題で幕府内が南紀派と一橋派に分かれた。

南紀《なんき》派

推す ▶ **徳川家茂《とくがわいえもち》**

家定と血筋の近い幼少の家茂を推す派閥。雄藩（＊）の幕政参加を警戒していた、幕府と関わりの深い譜代大名や幕府直轄の家臣の旗本が多い。

↑支持

井伊直弼《いいなおすけ》（彦根《ひこね》藩主）
譜代大名／旗本
大奥など

対立

一橋《ひとつばし》派

推す ▶ **徳川慶喜《とくがわよしのぶ》**

聡明と名高い慶喜を推薦する派閥。慶喜の父・斉昭のほかは、越前福井藩の松平慶永をはじめ当時幕政での発言権を増していた地方の雄藩が多かった。

↑支持

徳川斉昭《とくがわなりあき》（前・水戸藩主）
松平慶永《まつだいらよしなが》（越前《えちぜん》福井藩主）
島津斉彬《しまづなりあきら》（薩摩藩主）など

▼

安政《あんせい》の大獄《たいごく》

家茂の将軍就任が決まると、南紀派の大老だった井伊直弼は、一橋派の大名や志士たちを粛清した。

弾圧 →
← 報復

▼

桜田門外《さくらだもんがい》の変《へん》

井伊直弼が水戸藩と薩摩藩の浪士たちに暗殺された事件。将軍跡継ぎ問題や安政の大獄での弾圧に対する反発だった。

〝家康の再来〟と期待されていました

水戸《みと》藩主・徳川斉昭の第7子として生まれた徳川慶喜は、初めて水戸藩主家から将軍になった人物です。その聡明さは、早くから周囲に初代・家康公の生まれ変わりと言われ、期待されていました。幼少期からそう言われては、がんばるしかありません。慶喜を将軍に推す一派を「一橋派」といいますが、1858年には大老・井伊直弼ら「南紀派」が推す紀州《きしゅう》藩の徳川慶福《よしとみ》（のちの14代将軍・家茂）と将軍の座を争って敗北。しかし1860年には井伊大老が桜田

＊幕府の中で勢力のある藩。

門外の変で暗殺されると、14代将軍・家茂がまだ年少だったため、天皇の勅旨によって慶喜は将軍後見職に就任します。

慶喜の立場は開国でしたが、天皇は外国人を追い出し入国させない「攘夷《じょうい》」の決行を求めました。しかし、1863年8月18日の政変で、攘夷を求める急進派の公卿と長州《ちょうしゅう》藩が、それまで勢力をふるっていた京都から追われると、慶喜は代わって上洛。**時代の激変を感じながらも、幕府中心の政治を維持しようとがんばりました。**

15代将軍になってはみたけれど…

1866年、幕府対長州の「第二次長州征伐」のさなかに将軍・家茂が没すると、慶喜は15代将軍に就任。しかし、長州征伐が失敗に終わったため幕府の権威は地に落ち、元は幕府側にいた薩摩藩と討幕急進派の長州藩の二大雄藩が薩長同盟を結び、翌年、朝廷から薩長に討幕の密勅《みっちょく》が出されます。

将軍・慶喜は窮地に立たされ、大政奉還によって朝廷に政権を返上し、事態を打開しようと

徳川慶喜

大政奉還までの流れ

公武合体派（幕府、土佐藩）

公（朝廷）と武（幕府）が協力して政局安定をはかる策をとる一派。幕府の権威を回復させ、討幕派を抑える狙い。

1867年10月3日
土佐藩、幕府へ大政奉還の建白

1867年10月14日
大政奉還
幕府が朝廷に政権を返上。討幕の密勅は、武力討幕の大義名分を失った。

討幕派（長州藩、薩摩藩）

1866年
薩長同盟
幕府を倒そうとする薩摩藩と長州藩による同盟。これにより討幕派の力が確固たるものとなった。

1867年10月14日
討幕の密勅
武力討幕の機運が漂うなか、朝廷が薩長に出した幕府滅亡と慶喜討伐の命令。同日に大政奉還される。

↓

1867年12月9日
王政復古の大号令
武力討幕は無効となったが引き続き江戸幕府は存続するなか、討幕派の画策で王政復古の大号令が発布され、新政権の樹立が宣言される。

しました。「主権を返しても、引き続き徳川は政権の中枢に生き残れる！」と思ったもののの、すぐに天皇を中心とする明治政府の樹立宣言「王政復古の大号令」が発布され、徳川氏の官位と領土の返上を求められます。幕府はなくなっても、あくまで徳川家中心の新体制を描いていた慶喜の思惑を、根底から否定する要求でした。

官位や領土返上まで求められた**慶喜は、この頃からトーンダウン。もはや巻き返しは困難で、むしろ自分を担ぐ諸藩の勢いに付き合わされる**感じになっていきました。

そんななか、1868年1月に大坂城の徳川支持の勢力と薩長側との間に、ついに鳥《と》羽《ば》・伏見《ふしみ》の戦いが勃発します。

頭を切り替えて、趣味を楽しんだのさ

　開戦当初の慶喜は「死を決して戦うべし」と、力強い演説をしていました。**ところが敵軍に「錦《にしき》の御旗《みはた》」が翻ると、慶喜は一気に戦意を喪失します**。「錦の御旗」とは、天皇の意を受けて賊軍を討つ「官軍」の旗印になってきたもの。〝朝敵〟にはなりたくない慶喜は、大坂城から海路で、江戸に引き上げてしまいます。大将が真っ先に逃げ出した旧幕府軍は、大きな被害を出して惨敗。江戸へ戻った慶喜は、上野・寛永寺《かんえいじ》で謹慎し、江戸城開城後は水戸・弘道館《こうどうかん》に身を引きました。それまでの抵抗が嘘のように、身を慎んで新政府に従う姿勢に切り替えたのです。

　1869年に33歳で謹慎を解かれた慶喜は静岡に移住し、写真や狩猟、自転車などの趣味に生き、77歳でこの世を去りました。趣味のほうは、どれもあまりうまくなかったようですが、よろけながら自転車に乗り、犬を連れて狩猟に出かける慶喜を、地元静岡の人々は親しみを込めて見ていたそうです。静岡時代の慶喜は一切、政治に関わりを持とうとしませんでした。**スパッと権力とおさらばすると、将軍様から多趣味な紳士になって庶民から愛された**のです。

徳川慶喜

「日本の為政者」であることから解放され、権力をあきらめて手にした平穏な日々は、なかなかに楽しそうです。**政治に翻弄された年月より隠居してからのほうが長く、結果的にがんばりを手放したことで、のんびりした日々を満喫できた慶喜。**そんなふうに、こだわっていること、執着していることを手放すと、意外に新しい世界が開けるのかもしれません。

がんばったって
どうにもならない
こともあるんだ

あの人、幕府の元将軍さんだって
へえ、自転車なんてハイカラな趣味だねー
スイスイー
ふふん
趣味に生きる生活も悪くないものだ
ただいま〜
ボロッ…
殿！ そのケガ、まさか幕府再興のために戦って…？
いやぁ〜、自転車で転んじゃってね
ははは
ズコー

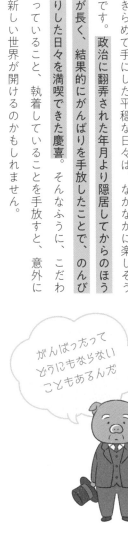

京極高次の妻

京《きょう》極《ごく》初《はつ》

華麗なる一族のなかで
地味なポジション
でも堅実に幸せゲット

こんな人

1570〜1633年(戦国時代〜江戸時代)。浅井長政とお市の方との間に生まれた浅井三姉妹の次女で、淀殿の妹、江の姉。若狭小浜藩主・京極高次の正室となる。夫の死後、大坂の陣で和平の使者として活躍。

こんなあなたの人生ヒントに

- □同期の成績が気になる
- □幸せそうな人をねたみがち
- □兄弟や親が優秀で比べられる

京極初

周辺の人々は戦国オールスター揃いですわ

織田信長の妹お市《いち》の方《かた》は、近江《おうみ》（現・滋賀県）小谷《おだに》城主の浅井長政《あざいながまさ》との間に3人の娘を産みました。のちに長女・茶々《ちゃちゃ》（淀殿《よどどの》）は豊臣秀吉の側室に、三女・江《ごう》は江戸幕府2代将軍の徳川《とくがわ》秀忠《ひでただ》の正室になりました。では次女・初は誰に嫁いだでしょう？　1587年、18歳で嫁いだのは、近江・大溝《おおみぞ》城の城主になったばかりの京極高次《きょうごくたかつぐ》。わずか1万石の大名でした。

「**ほかの姉妹に比べて、なんとジミ婚！**」と誰もが思うでしょう。

しかし京極高次は、本来は近江半国の守護・京極家の嫡流であり、名門の家柄です。ところが、浅井氏によって国を奪われていたので、高次は両親が暮らしていた小谷城で生まれました。初は7歳年下ですが、生まれたのは同じ小谷城内です。

さて、高次がまだ大名になっておらず、ふたりが結婚する前の時代に、いったんときを戻しましょう。

1582年、本能寺の変*が起きると、20歳の高次は京極家再興のためか、明智光秀《あけちみつひで》に味方しました。敗戦後は秀吉に追われ、織田家宿老・柴田勝家《しばたかついえ》を頼ります。勝家はお市の方と再婚し

＊明智光秀が主君の織田信長を急襲して自刃させた叛逆事件。しかし、直後に光秀も羽柴《はしば》（豊臣）秀吉に討たれる。

ていたので、母とともに茶々・初・江の三姉妹も勝家の北ノ庄《きたのしょう》城（現・福井県福井市）にいたため、高次と初は小谷城から引き続き同じ城内で暮らしていました。

旦那様をかしこく支えました

高次の妹・龍子《たつこ》（松《まつ》の丸《まる》殿）は秀吉の側室で、その嘆願もあり、高次は光秀についたことを許されて、1584年、2500石で秀吉に仕え始めます。柴田勝家が秀吉に討たれ、お市の方もともに自害すると、初たち三姉妹は秀吉に保護されました。その後、高次が近江大溝城1万石に封じられると、1587年に秀吉から初に京極高次との結婚話が持ちかけられました。小谷城と北ノ庄城で2度の縁があり、しかも高次の母は浅井長政の姉ですから、いい縁談だと言えます。高次はその後、順調に出世しますが、「あいつは奥さんや妹の七光りで出世している『蛍大名』さ」と、ほかの大名から陰口を叩かれました。

しかし当の初は、**必要以上の権力欲は持っていませんでした**。豊臣家の世継ぎを産んで権力の頂点に立とうとした姉の淀殿や、養父・秀吉に翻弄されて3度目の結婚で徳川秀忠の継室

京極初

権力者に囲まれた三姉妹の相関図

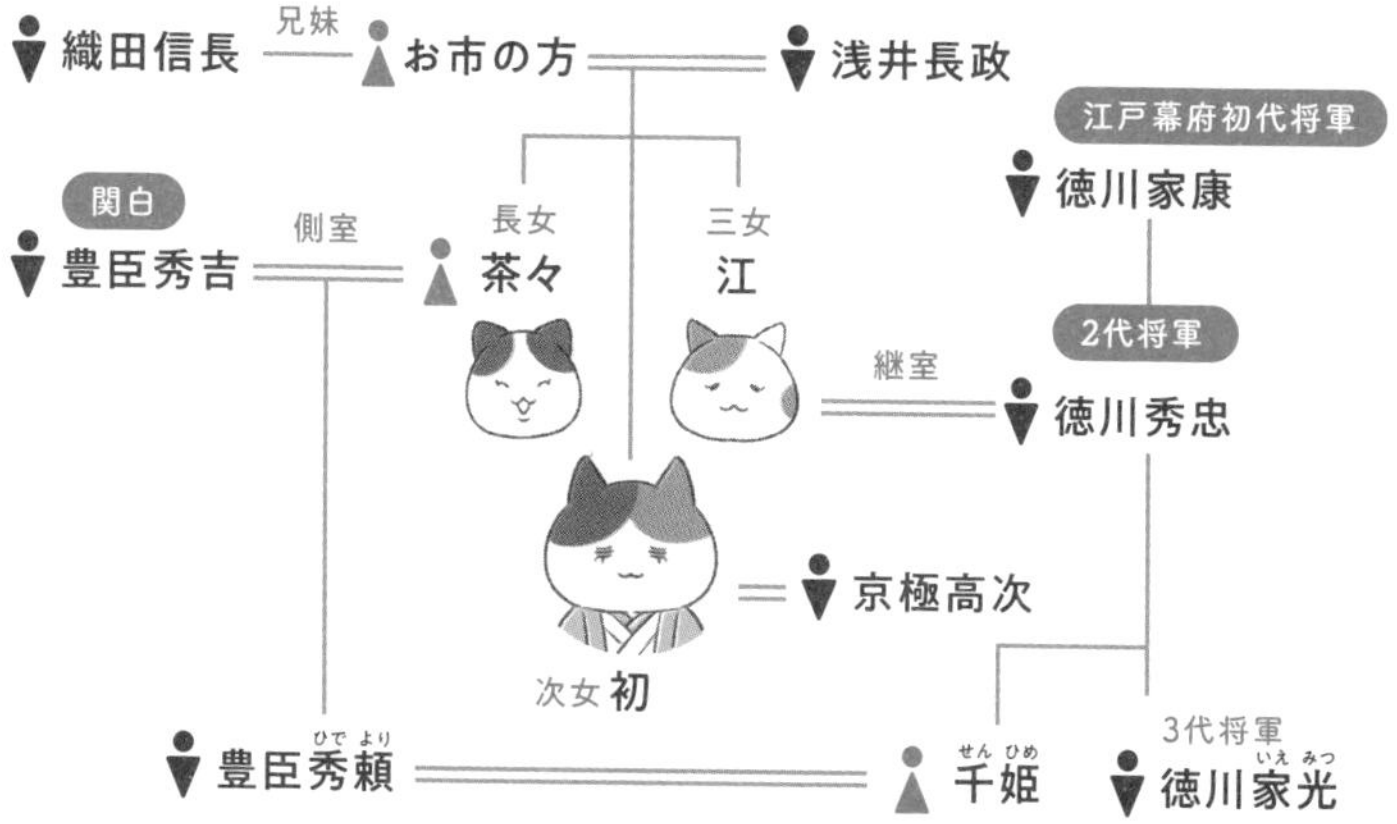

浅井長政とお市の方の間に生まれた、茶々・初・江は「浅井三姉妹」と呼ばれる。彼女たちの人生は、織田信長、豊臣秀吉、徳川家康という戦国の英雄たちに左右された。

（再婚による正室）になる妹・江を横目に、**身の丈に合ったやり方で夫を支えます。**

1595年、高次は近江の要である大《おお》津《っ》城6万石を与えられます。5年後に関ヶ原の戦い（67ページ参照）が起こると、高次と初は最初は淀殿の誘いに乗りながら、途中から家康方の東軍につき、籠城戦へ。大津城は11日間持ちこたえて西軍1万5000（諸説あり）を引きつけ、兵を足止めさせました。家康はその功績を高く評価し、高次を若狭《わかさ》（現・福井県西部）8万5000石の大名にしました。

初は夫と協力して天下分け目の決戦で重要な役割を果たし、国持ち大名の夫人になったのです。高次は小浜《おばま》城を築いて本拠地とし、1609年に47歳で死去しました。

発言力は持ちながら、がんばりすぎない

高次が亡くなると、初は出家して「常高院《じょうこういん》」と号します。側室の子・忠高《ただたか》を跡取りとし、京極家をサポートしました。ところが、豊臣対徳川の大坂冬の陣が始まると、姉・淀殿の豊臣方、妹・江の徳川方の間に立って、交渉役を買って出ることになります。和平のため、大坂方の姉・淀殿の使者となって、妹・江の嫁ぎ先である徳川方との交渉にあたったのです。

「豊臣家、徳川家がともに栄えるための和平です、姉上！」と、淀殿を説得する常高院ですが、徳川方からの和睦の条件には「豊臣家の大坂城の外堀を埋める」とありました。これでは城の防御機能をぐっと下げることになりますが、豊臣方は受け入れます。すると徳川方は一気に内堀まで埋め立ててしまい、丸裸になった大坂城は大坂夏の陣*で落城します。淀殿はわが子・秀頼とともに自害しました。

常高院としては、何とか姉の淀殿も助けたかったでしょうが、それは叶いませんでした。初は、結局は力をもった妹・江の徳川家との関係を重視するほうを選びます。妹に相談し、秀忠

＊大坂冬の陣のあと、豊臣と徳川は和議を結ぶものの、すぐに破られ、翌年、大坂夏の陣で再び対立。豊臣家は滅亡した。

京極初

と江の四女・初（自身と同じ名）を嫁に迎え、忠高に嫁がせました。**権力を争ったり対立したりするのではなく、バランスをとる生き方を選んだ**のです。

1634年、京極忠高は徳川姻戚として深く信頼され、西国の抑えとして出雲《いずも》・隠岐《おき》2ヵ国26万石の大名になります。常高院は前年に64歳で没し、残念ながら京極家の全盛期を見ることができませんでした。しかし、姉と妹がときの権力者の伴侶となりながら、**「ならば私も……」と欲目を出さなかったのが、初のすごいところ**。

織田信長の姪として生まれ、姉は豊臣秀吉に嫁ぎ、妹は徳川家康の息子に嫁ぎ、戦国の三英傑*をはじめとする戦国のオールスターに囲まれながらも、自らは**権力争いをがんばらなかったのです**。それでも使えるコネは最大限に使い、要所要所で動く以外は静かに家の安寧を見守った姿勢が、京極家も常高院本人も幸せにしたといえるでしょう。

SNS全盛の昨今、人と自分を比べて「もっとがんばらないと」と思って疲れてしまうこともありますよね。初のように「自分は自分」とブレずに、何が幸せなのか改めて考えてみませんか。

自分の身の丈以上に
がんばらないほうが
いいわ！

＊戦国時代に天下統一に向けて活躍した3人。織田信長、豊臣秀吉、徳川家康のこと。

戦国武将

織《お》田《だ》有《う》楽《らく》斎《さい》

信長の弟で武将なのに合戦より茶の湯好きの文科系男子

こんな人

1547~1621年（戦国時代~江戸時代）。織田信秀の11男で、信長の弟。本能寺の変、関ヶ原の戦い、大坂の陣などにかかわる。千利休の高弟「利休七哲」に加えられるほどの有名茶人だった。

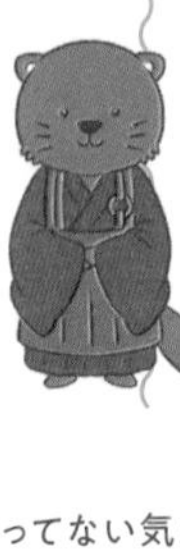

こんなあなたの人生ヒントに

- □今の仕事があってない気がする
- □転職に踏み出せない
- □趣味が見つけられない

織田有楽斎

信長より13歳下で、武勇伝ゼロの弟!?

東京都千代田区に「有楽町《ゆうらくちょう》」という地名があります。今も東京駅から一駅のアクセスのよい場所ですが、この地名はある戦国武将の号からきています。ズバリ、織田有楽斎。

徳川家康の家臣となっていた有楽斎の屋敷が、ここにあったことから名付けられました。江戸城の数寄屋橋御門《すきやばしごもん》に近い好立地です。歴史好き以外にはあまり知られていない人物ですが、「そんなに家康から大事にされていた織田有楽斎って、いったい何者？」と思いますよね。

織田有楽斎は出家後の名前で、元の名を長益《ながます》といい、織田信長の弟にあたります。ただし11男であり、嫡男である信長の13歳下です。信長を当主とする織田氏一門として扱われましたが、戦場での武勇談はありません。むしろ茶の湯の世界で、茶人・千利休《せんのりきゅう》の高弟「利休七哲《りきゅうしちてつ》」に数えられる人物として名を成しました。

そんな文化系の有楽斎ですが、巻き込まれるように有名な事件に居合わせてしまうことが人生で度々ありました。その最初が、本能寺の変（97ページ）でした。

権力者が変わってもすぐに言うこと聞くよ

１５８２年、本能寺の変が起こったとき、36歳の有楽斎は甥にあたる信長の嫡子・織田信忠《のぶただ》とともに京都の二条御所《にじょうごしょ》にこもりました。明智光秀《あけちみつひで》の叛逆軍に徹底抗戦の構えの信忠に対し、有楽斎は勝ち目がないことを諭し、自害をすすめます。

「まずい！　このままではわしも絶対死ぬぞ」そう考えた有楽斎は**家臣たちに嘘をついて脱出し、自分は助かった**のです。甥っ子に自害をすすめて、家臣たちを見捨てて逃亡するんですから、生半可な根性なしではありません。その後は光秀を討った羽柴《はしば》（のち豊臣）秀吉の下に駆けつけ、摂津《せっつ》国（現・大阪府北西部および兵庫県南東部）内で２０００石を与えられています。家臣を置き去りにしてきたわけですから、わずかな手勢だったのでしょう。

とにかく力ある者につくのが生き残る道だと考えた有楽斎は、**リスクをとらず、自分の立ち位置を見定めるのがうまい人**でした。「トップを目指そう」という気概が希薄だったともいえま

織田有楽斎

織田有楽斎と兄弟たち

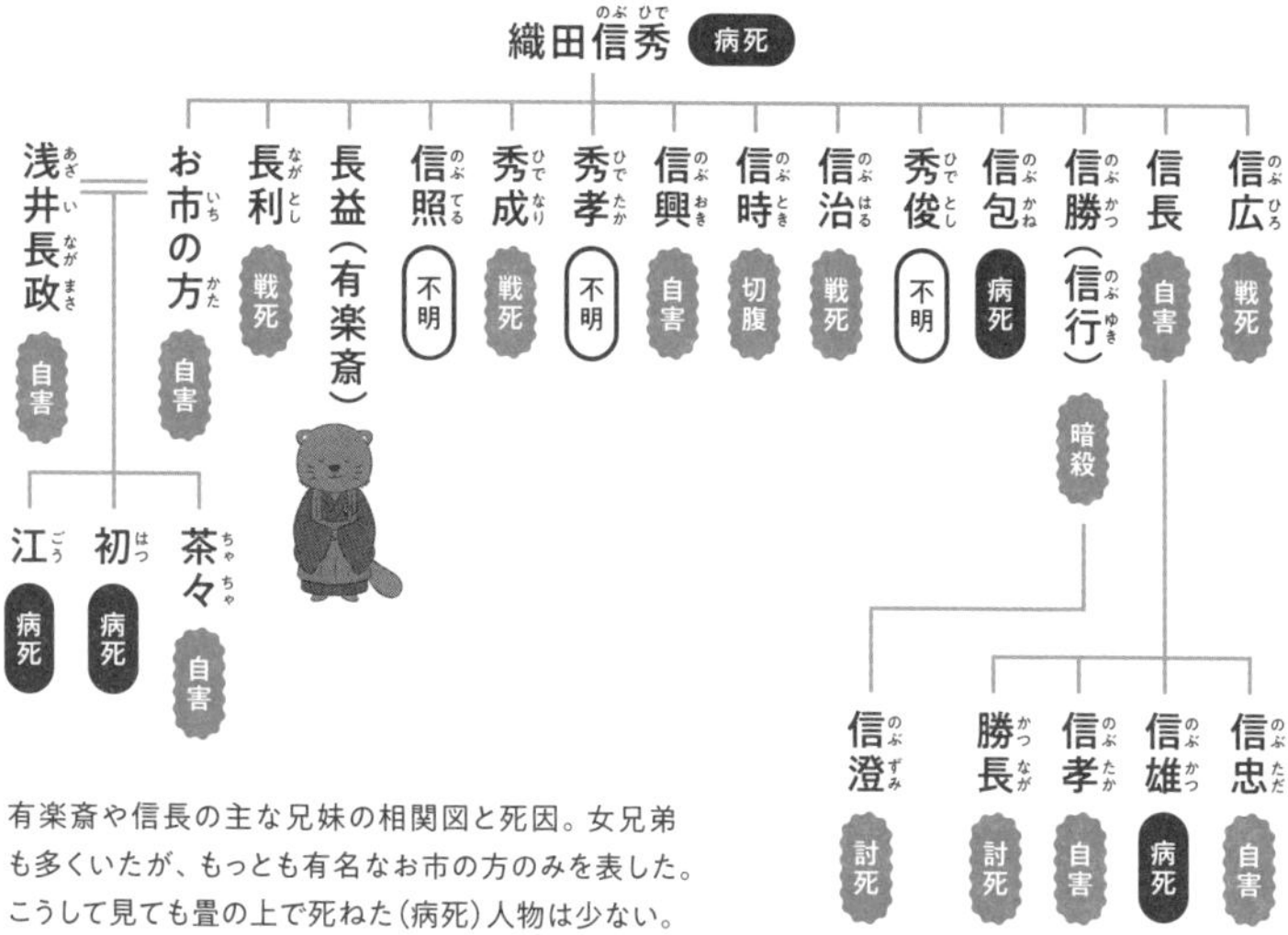

有楽斎や信長の主な兄妹の相関図と死因。女兄弟も多くいたが、もっとも有名なお市の方のみを表した。こうして見ても畳の上で死ねた（病死）人物は少ない。

す。秀吉は信長の家臣でしたから、その傘下に入ると、有楽斎は元主君の弟として厚遇され、従四位下《じゅしいのげ》侍従《じじゅう》に叙任されて摂津で1万5000石の大名になります。ところが秀吉が死去すると即座に徳川家康に近づき、1600年の関ヶ原の戦い（67ページ参照）では、東軍として兵450を率い、石田三成《いしだみつなり》隊と戦っています。

その後、大坂城の豊臣秀頼《ひでより》、淀殿《よどどの》と家康の関係が悪化すると、「ここは、両方の陣営に人間関係のある私しかいませんな」と、大坂城に入って、両者の調停役を担おうとしました。

有楽斎にとっては、天下の大事に主導権をとろうとした唯一の時期といえますが、これもそのときの立場を見極めて、うまく立ち回ろうとしたにすぎません。

得意な茶の世界で爪痕を残す！

有楽斎は関ヶ原の戦いでは家康についたものの、戦後は豊臣家の家臣として淀殿に仕えました。

１６１４年の豊臣対徳川の大坂冬の陣のときは、徳川方との和睦に尽力しています。ところが翌年の夏の陣になると、もはや豊臣派の主戦論は抑えきれなくなりました。

「もう何を言っても聞く耳を持たれない。限界だな……」

有楽斎は、**「そこを何とか」という一押しはしません**。見切りをつけるとあっさりその場から去るのです。ご丁寧に、家康とその息子の秀忠《ひでただ》に書簡を送って大坂城退去の許可を取り、大坂城を退去したといいます。公式にあきらめたわけです。

この年、有楽斎は息子から隠居料として１万石を確保し、京都に隠棲します。すでに69歳に

織田有楽斎

なっていました。その後、京都・**東山で風流な生活を送った有楽斎は、趣味に専念しました。**

有楽斎の茶道は息子たちに継承され、武家の茶道の流派のひとつ「有楽流」として、現代まで伝わっています。自分の好きな道で人生をまっとうするには、信長の弟、大名といった地位や家柄、肩書きにとらわれず、冷静に状況を見極めて行動する知性も必要だったのでしょう。

本能寺、関ヶ原、大坂の陣と、戦国日本のメインどころのイベントにかかわっていながら、有楽斎は一般の武将とは真逆の、**「立ち位置を見極め、ひらりとかわす」やり方**で生き延び、文化の世界で一家を成しました。現代の私たちから見ると、ずるいという印象かもしれませんが、それでも戦乱の世を自分流で生き抜いたことには違いありません。武家の家に生まれ、さらに戦国の絶対的な権力者・織田信長を兄に持ちながらも、武芸の分野では必要以上に奮闘せず、好きな文化方面で力を発揮したのです。

向いていないこと、辛すぎることにがんばりすぎず、身をかわしながら自分流を探る生き方もあることを、有楽斎の人生は語りかけています。

立ち回りが
タイヘンだったけど
好きなことができて
結果オーライ!

江戸幕府初代将軍

徳《とく》川《がわ》家《いえ》康《やす》

裏切りは水に流して柔軟に

人心掌握するタヌキ親父

こんな人

1542～1616年（戦国時代～江戸時代）。幼少期は織田家・今川家の人質として過ごす。織田信長と同盟を組み、東海地方の大名になる。豊臣秀吉没後は、関ヶ原の戦いに勝利して江戸幕府を開き、徳川の天下取りに成功した。

こんなあなたの

人生ヒントに

□部下の扱いがわからない　□自分から謝れない

□根に持つタイプ

三《み》河《かわ》一《いっ》向《こう》一《いっ》揆《き》、おまえまで敵になるか!?

徳川家康には、「三河以来」といわれる結束の固い譜代《ふだい》の家臣団が存在しました。譜代とは、代々その家に仕えてきた、絆の強い家臣たち。家康の祖父や父の代から、本領の三河（現・愛知県東部）でずっと家臣だった家柄の武将たちです。豊臣秀吉は家康に、「わしには譜代の家臣はおらん。家康どのはいいなあ」と語ったともいいます。長く苦楽をともにし、地元の縁で結ばれた主従関係は強いものと思いがちです。ところが家康の人生のスタートは、家臣の相次ぐ裏切りに苦しめられた日々でした。

長らく今川家の人質として三河を離れていた家康は、自領とはいえ新参者の主君。とりあえず体だけ復帰したところで、いきなり三河一向一揆が勃発。西三河を中心に一向宗*門徒が多かった三河で、1563年に起きた一揆です。徳川家臣にも多くの一向宗信者がいました。

そこへ一向宗から領主と戦うよう檄《げき》が飛び、家臣団のなかでも一向宗派と家康派が真っ二つに分かれました。

「なんと！　これほどの家臣がわしの敵に‼」と、家康もびっくり。後年、家康の参謀になる

＊浄土真宗の門流。戦国時代、東海、北陸、近畿地方で急速に広まり力を持った。

家臣に裏切り者続出の三河一向一揆

三河一向一揆とは？ 家康の統治に一向宗（浄土真宗の門流のひとつ）が反発した末の武力蜂起。家臣のなかにも一向宗の信者が多く、裏切り者が続出した。

裏切った主な家臣とその後

渡辺守綱《わたなべもりつな》

槍で武功をあげ「槍の半蔵」とうたわれた。

多くの戦で活躍。江戸時代には尾張藩（現・愛知県名古屋市）に出仕。

蜂屋貞次《はちやさだつぐ》

通称「蜂屋半《はん》之《の》丞《じょう》」の名で知られる。

家康の吉田城（現・愛知県豊橋市）攻めで奮戦。鉄砲で撃たれ討死。

本多正信《ほんだまさのぶ》

三河出身。代々、家康の家に仕えてきた。

一揆後に三河を出奔。帰参後も、家康の側近として重用された。

夏目吉信《なつめよしのぶ》

三河出身で、代々家康の家に仕えた家系の人物。

三方ヶ原《みかたがはら》の戦いでは、家康の身代わりとなり戦死。

本多正信、「徳川十六神将」＊に列する渡辺守綱、蜂屋貞次、譜代の家系の夏目吉信など、そうそうたるメンバーが一向宗側についています。激闘の末、一揆は鎮圧されますが、**反乱に与《くみ》した家臣を家康はおおむね許しています。**

過去の裏切りには執着せず、「徳川の家はこれから。罰よりも寛容さを大切にしよう」という家康の割り切りの早さ、度量の広さが、「徳川家臣団伝説」を生んだといえるかもしれません。

仕事で大きな失敗をしたとき、上司がそれを許してさらに重く用いてくれたら、その部下は今までの何倍もがんばりますよね。

家康は**過去の経緯にとらわれることなく、**

＊家康の家臣のなかで、とくに功績をあげた16人。

徳川家康

これからを考えて部下に接する、人情の機微をよくわかったリーダーでした。

次！　次！　過去は振り返らないよ！

三河衆の心を束ねた家康でしたが、そのあともまったく無風だったわけではありません。もっとも衝撃が走ったのは、家康と秀吉が戦った小牧《こまき》・長久手《ながくて》の戦いが終わって間もない1585年、重臣・石川数正《いしかわかずまさ》が、敵対する豊臣秀吉方へ出奔《しゅっぽん》した一件でした。

家康が人質時代から仕えてきた数正は、三河一向一揆で自身の父・康正《やすまさ》が敵対したときも、自分は改宗してでも家康を支えた忠臣。まさかの裏切りに家康も、「どうする？」と驚いたことでしょう。出奔の理由はいまだに謎とされますが、秀吉方との折衝《せっしょう》役を任されていたため、家臣団から浮いてしまった、秀吉から高禄で誘われたといった諸説があります。

といって、**家康はショックや感傷を引きずってはいませんでした**。もっとも外部に漏れて困るのは、徳川の軍制。すべてを知っている数正が敵方へ行ってしまったため、軍政を改める必要があります。家康は滅亡した甲州武田《こうしゅうたけだ》家の遺臣たちをかねてから大量採用していたので、彼らを登用し、甲州流に軍制を改めました。

人間は、どうしても過去の経緯にとらわれがちです。ところが家康は、**過去のマイナスを未来に向けてプラスに転じる能力と性格の持ち主**でした。天下人家康の最大の武器とさえいえるかもしれません。その能力が最大規模で活かされたのは、秀吉に命じられ、1590年に元の領地の「東海5ヵ国」から北条氏滅亡後の関八州に領地替えになったときです。

父祖の地から始まり、長年にわたって拡張してきた領国を遷されるのは、石高は大幅加増とはいえ相当な難事業でした。しかし、家康は関東への国替えによって、徳川家臣団を再び統率し直しました。重臣たちを長く支配する土地と領民の地縁から引き剥がすことで、軍団の再編成と徳川家への忠義の地固めをするきっかけにしたのです。

過去の家臣の裏切りやダメージ、さらには苦労して手に入れた土地にさえ、家康はこだわりませんでした。**きっぱりと「執着」を手放していく家康の切り替えの明快さも、がんばりすぎない生き方のひとつのかたち**といえそうです。

「とりあえず次！」という未来志向は、変化の多い今の時代にも重要かもしれませんね。

過去のことに
執着しない！
これも天下人の知恵

がんばりすぎてしまった人たち③

八《や》百《お》屋《や》お七《しち》

想い人に再会したくて放火！
一途すぎる恋で破滅

江戸本郷追分の八百屋・太郎兵衛の娘お七は、1682年12月28日（異説あり）の駒込大円寺《だいえんじ》を火元とする大火で家を焼かれ、駒込正《しょう》仙院《せんいん》（一説に円乗寺《えんじょうじ》）に避難します。そこで、寺小姓《てらこしょう》の生田庄之助《いくたしょうのすけ》と恋仲になりますが、火災の復興が進むとふたりは離れ離れになりました。自由な恋愛が許されなかった時代、想い人が恋しいお七の苦悩は、いかばかりであったでしょう。

想いが募ったお七に、恐ろしい考えが浮かびます。「また家が焼ければ庄之助に会える……!」と考えついたのです。そして翌年、自宅に放火。結局ボヤで済みますが、江戸の町では放火は重罪でした。

捕らえられたお七は、江戸市中引き回しの上、その月のうちに鈴ヶ《すずが》森《もり》刑場で火刑に処されてしまいます。

17歳の娘による一途な恋の末の放火事件は、大坂の人形浄瑠璃作者・井原西鶴《いはらさいかく》が『好色五人女』で扱い、世間に広がりました。

やがて歌舞伎、浄瑠璃、文楽、浮世絵などの題材に発展。八百屋お七の逸話は、数多くのバリエーションに脚色されました。

少女の純愛が、江戸にセンセーションを起こしたのです。でも、**いかにお七の思慕が純粋なものだったとしても、思い詰めすぎては身を滅ぼします。**何事も少し立ち止まって考える余裕が欲しいものですね。

こんな人　1667～1683年（江戸時代）。八百屋の娘・お七は、大火で避難したとき寺小姓・生田庄之助と恋仲になった。思慕を募らせたお七は、庄之助会いたさのため自分の家に放火。重罪として捕縛され、火あぶりの刑に処された。

4章

人にうまく頼る

おまかせした分
自分は好きなこと
できちゃった!
皇極天皇

泣き言はまわりに
ぶちまける!
足利尊氏

やる気のある相手には
頼ることも才覚
毛利敬親

「もっとがんばろう」「自分がやらないと」
向上心のある努力家さんは、ついそう考えがち。
でも、がんばりすぎて、
心が折れそうになることはありませんか？
「疲れた」「しんどい」と思ったときは、
自分のキャパを超えかけているのかもしれません。
偉人たちにもおまかせ上手な人がいたように、
人に頼るという選択肢もありますよ。
まわりを見渡したら、頼りになる人や
あなたを助けたいと思っている人がいるかも？

まわりの優秀な人に
助けてもらう〜
徳川家綱

得意なこと以外
ノータッチ
卑弥呼

室町幕府初代将軍

足利《あしかが》尊氏《たかうじ》

弱音を吐きまくり 部下や弟に頼りまくる 意識低い系将軍

こんな人

1305〜1358年(鎌倉時代〜室町時代)。後醍醐天皇の鎌倉幕府討幕に協力し、六波羅探題を落としたあと建武の新政に貢献する。その後、後醍醐天皇と対立して、京都に室町幕府を開いた。

こんなあなたの
人生ヒントに

□人に頼るのが苦手　□弱音を吐けない
□一生懸命やっても人がついてこない

足利尊氏

仲間割れは、もうこりごり…

室町幕府を開いた人物として知られる足利尊氏は、後醍醐《ごだいご》天皇の鎌倉幕府討幕に呼応して、京都の六波羅探題《ろくはらたんだい》（鎌倉幕府の出先機関）を攻略、「勲功第一」（一番の手柄）と天皇から讃えられた武将です。ところがそれ以降、立て続く仲間割れに苦しめられています。

もっとも尊氏自身は、**裏切られたりだまされたりしても、怒りに燃えてやり返そうとするタイプではありませんでした**。

ことの発端は鎌倉幕府が滅亡して「建武《けんむ》の新政《しんせい》」*が始まったとき、尊氏が政権中枢から外されたことでした。後醍醐天皇は、尊氏を3ヵ国の国司と守護に任命して多くの荘園を与えましたが、征夷大将軍には第3皇子である護良親王《もりよししんのう》を任じました。

「私が『勲功第一』じゃなかったのか？」と尊氏は驚きます。清和源氏《せいわげんじ》の名門である尊氏としては、鎌倉幕府を倒したあとは、自分が征夷大将軍として幕府を開けると考えていたのです。

天皇は、武士たちを討幕に利用したにすぎないのではないか――と悟った尊氏は、後醍醐天皇に叛旗をひるがえします。が、1336年、鎌倉にいた尊氏に後醍醐天皇からの追討令が出

*後醍醐天皇による新たな政治方針で、天皇中心の政治を目指した。

鎌倉幕府討伐から南北朝時代へ

1324年
❶ 正中《しょうちゅう》の変《へん》
後醍醐天皇による初の討幕計画だが、失敗。

1333年
❷ 六波羅探題攻略
足利尊氏vs鎌倉幕府
鎌倉幕府側だった尊氏が後醍醐天皇に寝返る。

1333年
❸ 鎌倉幕府滅亡
新田義貞《にったよしさだ》vs鎌倉幕府
新田義貞が鎌倉を攻略し、幕府滅亡。

1335年
❹ 中先代《なかせんだい》の乱　足利直義vs北条時行《ときゆき》
鎌倉幕府再興を目指した北条時行の反乱。

1335年
❺ 箱根《はこね》・竹ノ下《たけのした》の戦い　足利尊氏vs新田義貞
後醍醐天皇に反した尊氏が天皇側と激突。

1336年
❻ 湊川《みなとがわ》の戦い　足利尊氏vs楠木正成《くすのきまさしげ》
尊氏が朝廷側と戦い京都制圧。室町幕府を開府。

1336年
❼ 後醍醐天皇吉野へ
吉野《よしの》へ逃れた後醍醐天皇が南朝を立てる。

たことを知ると、叛旗を収め、剃髪して寺に謹慎したといいます。しかし、来攻した天皇側の新田義貞軍に弟・足利直義《ただよし》軍が苦戦すると、やむなく自分が前戦に出て箱根・竹ノ下の戦いで義貞軍を破り、さらに西進して京都を制圧します。

ところが、奥州から北畠《きたばたけ》顕家《あきいえ》軍が来ると大敗し、九州まで逃げ延びるのです。

もう、早く
やめたいです…！

「もうダメだ……。切腹して死ぬしかないよ」

足利尊氏

九州に落ち延びた当初、一時は敵対する豪族に狙われ、尊氏は涙ながらにそう叫んだといいます。けれども、武家の棟梁《とうりょう》たる清和源氏——その嫡流《ちゃくりゅう》に近い尊氏人気は、九州の御家人の間では高かったのです。結局、逆に大軍勢を率いて京都に攻め上ることになります。湊川の戦いで後醍醐天皇側の名将・楠木正成を討って入京すると、尊氏は光明《こうみょう》天皇を擁立し、幕府の法令「建《けん》武《む》式《しき》目《もく》」を定めて、1338年に室町幕府を開きました。

一方、後醍醐天皇は奈良の吉野に逃れて南朝を樹立。京都の尊氏側は北朝といい、北朝と南朝のふたつの朝廷が存在する、南北朝時代になります。しかし、幕府軍によって新田義貞が討たれ、北畠顕家も討たれると、天皇軍は動けなくなってしまいます。

ところが、今度は室町幕府内部でいさかいが始まるのです。尊氏が絶大な信頼を寄せ、「早く世を捨てて、すべてを譲りたい……」とまで語っていた弟の直義が挙兵し、兄弟が直接対決する観応《かんのう》の擾乱《じょうらん》が始まるのです。

尊氏はもともと権力欲が強いタイプではないため、室町幕府は直義との二頭政治になっていました。一方で尊氏は、執事の高師直《こうのもろなお》にも強い権限を与えており、直義と師直の不和が兄弟の抗争に発展したのでした。

こう見てくると尊氏は、**人望があってリーダー向きである半面、人を信じやすく、実際の政治や合戦は人まかせでやりたがらない性格**だとわかります。

弱気だけど、気前はいいよ!

尊氏・直義兄弟の争いは全国をふたつに割って拡大しましたが、打《うち》出《で》浜《はま》の戦いで直義軍に敗れると、尊氏は和睦を申し入れました。しかし、実際に直義が政治の中心になると御家人たち

足利尊氏

が離反し始め、尊氏は嫡子の義詮《よしあきら》と再び直義追討軍を興し、最後は関東に逃れた直義を破って主導権を取り返します。その後、鎌倉で蟄居していた直義は謎の急死を遂げました（毒殺か？）。

「やっぱり早めに出家しとけば、みんなが死なずにすんだかも……」

尊氏は、嫌なことやピンチがあると動揺して、「出家する」「自刃する」と言う一方、勝ち戦のあとは、その場でどんどん恩賞を約束する下文《くだしぶみ》を家臣に書き与える気前のよさがありました。

度量の大きさも小心なところも、恰好つけずにそのままさらけ出す——尊氏のように長所と短所の振れ幅が大きいリーダーは、昨今あまり耳にしません。清和源氏の名門という血統、強くもあり弱くもある複雑な人間性の魅力、そういった「人物の大きさ」が、尊氏がまわりの武士たちに担がれるかたちで室町幕府を開くことにつながったといえるでしょう。

いっしょに戦ったメンバーとの仲間割れの繰り返しに悩まされた生涯でしたが、**自分ががんばるのではなく、まわりに担がれるリーダー**とは、こういう人なのかもしれません。

困っていると
誰かが助けて
くれるんだよねー

長州藩13代藩主

毛《もう》利《り》敬《たか》親《ちか》

部下まかせで
ドーンと構えていたら
なぜか維新の功労者に

こんな人

1819~1871年(江戸時代~明治時代)。藩主に就任後、部下の助けを得ながら藩政改革に乗り出し、財政改革や人材育成に励む。その後、幕府と対立し、二度の長州征伐を迎え撃ち、薩摩とともに討幕派の中心に。

こんなあなたの人生ヒントに

- □自分がしないと!と思いがち
- □部下になめられがち
- □オンとオフの切り替えができない

毛利敬親

「そうせい」のひと言で名君となりました

幕末に「尊王攘夷《そんのうじょうい》」を掲げ、討幕の急先鋒になった長州《ちょうしゅう》藩。私塾・松下村塾《しょうかそんじゅく》の吉田松陰《よしだしょういん》、奇兵隊《きへいたい》を創設した高杉晋作《たかすぎしんさく》、薩長同盟《さっちょうどうめい》を成立させた桂小五郎《かつらこごろう》（木戸孝允《きどたかよし》）など、若手藩士から優れた人材が数多く出ました。

「そんなに人材が育つなんて、どんなにすごい藩主なんだろう」と思われるかもしれません。

ところが、ときの長州藩主・毛利敬親は、影が薄いのです。幕末期に活躍した大名には、薩《さつ》摩《ま》藩主・島津斉彬《しまづなりあきら》、越前福井《えちぜんふくい》藩主・松平慶永《まつだいらよしなが》、土佐《とさ》藩主・山内容堂《やまうちようどう》、宇和島《うわじま》藩主・伊達宗城《だてむねなり》などの賢侯がいましたが、敬親はそうした人々のなかに数えられていません。

「そうせい（そうしておけ）」

藩の重役たちの相談に、ほとんどそう返事をすることから、「そうせい侯」という不名誉なあだ名までついていました。しかし逆に見れば、敬親が**「オレが、オレが」というトップではなかったからこそ、若手がのびのびと行動できた**ともいえるのです。

幕末の長州藩の動き

藩論

公武合体

尊王攘夷

討幕

1862年 重臣の長井雅楽《ながいうた》が失脚

藩内で公武合体を推進し、藩の方針としていた長井雅楽が下級武士らの反発にあい失脚。長州藩は尊王攘夷へ転換。

1863年5月 アメリカ商戦などを砲撃

アメリカの商船はじめ、列強の船を長州藩の軍艦が砲撃。攘夷を実行する。これにより翌年、列強から報復を受け完敗。

1863年8月 八月十八日の政変

薩摩や会津などの公武合体派が、長州藩をはじめとする急進的な尊王攘夷派を京都から追い出す。

1864年 禁門の変／第一次長州征伐

京都での権威回復のため挙兵するも、幕府軍に敗北（禁門の変）。これを理由に幕府が征討軍を出す（第一次長州征伐）。

1865年 功山寺《こうさんじ》挙兵

高杉晋作が挙兵し藩の主導権を奪う。敗北続きで幕府に恭順路線だった藩論を討幕へ転換。武力討幕の主戦力となる。

尊王攘夷
天皇を敬い、海外勢力を排除する思想。長州藩の下級武士たちが、この思想を討幕運動に発展させた。

公武合体《こうぶがったい》
朝廷と幕府が手を組み政治にあたる政策。幕府の権威強化が狙い。討幕派と対立。

とにかく何でもやってみよ！

12代藩主・斉広《なりとう》が就任わずか20日間で死去したため、1837年に19歳で藩主になった敬親は、まず窮迫した藩の財政再建に取り組みました。村田清風《むらたせいふう》と坪井九右衛門《つぼいくえもん》という正反対の性格の人物を家老に登用し、質素倹約、貨幣流通の再編、藩校・明倫館《めいりんかん》の拡充を行ないます。

敬親の改革で特筆すべきなのは、軍備増強です。1840年のアヘン戦争で大国・清《しん》（中国）がイギリスに敗れ、欧米列強の脅威が迫っていることを知った敬親は、約

毛利敬親

1万4000人を動員した、毛利家200年ぶりの大軍事演習を行なったのです。これが基盤となり、長州藩は幕末の動乱期にいち早く軍事強国として台頭できました。ここでポイントなのは、**敬親が自分から軍事演習を指揮したのではなく、すべて部下にやらせている**ことです。敬親は**重臣だけでなく、藩士クラスまでどんどん意見を述べさせ、吸い上げていきました。**

江戸時代の常識では、一藩士が藩主に直接意見するなどありえません。しかし敬親は、「茶室に藩士を招く」という体裁で、下級藩士でも直接対話を心がけました。藩主と藩士としての上下関係があっても、茶室ではあくまで亭主と客なのです。

「何ごともやってみなければわからぬ。とにかくやってみよ」と敬親はよく語っていたといいます。だからこそ、貧農出身だった伊藤博文《いとうひろぶみ》も登用し、武士ではない民兵による奇兵隊の創設も可能だったのです。しっかり家臣に意見を述べさせ、いい案は採用し、提案した者にまかせる——自分があくせくしなくても、「まかせる」ことで部下は動いてくれるのです。

どんなときも、家臣のやることを見守って

尊王攘夷派の公家たちと組んで中央政局をリードしていた長州藩ですが、1863年にクーデター「八月十八日の政変」で薩摩藩、会津藩による幕府側と衝突。長州藩は一気にトーンダウンします。さらに第一次長州征伐で幕府から侵攻を受け、藩のピンチとなると、敬親は中心になった家老の首を幕府に差し出し、自身も官位はく奪の処分を受け謹慎となります。しかし**敬親には、部下を自由にさせた手前、どのような結果にも黙々と従う度量**がありました。

1865年に高杉晋作が再び藩論を「討幕」でまとめ上げ、翌年に薩長同盟が成立すると、第二次征伐では長州藩が幕府軍に事実上勝利します。その際、一時苦戦の報を受けた敬親は、

毛利敬親

「勝敗は兵家の常。一敗を聞いたくらいで大騒ぎすることはない」と泰然としていたといいます。

幕府はこの合戦に敗れて完全に権威を失い、時勢は一気に討幕・維新に向かいます。家臣たちにまかせきった敬親は、直接手を下さずに「維新の元勲《げんくん》」として京都へ迎えられました。

このように、**大きな仕事を行なう上では、よく話を聞き、部下を信じて待つことが大切**。トップに必要なのは、「聞く耳」と「度量」、そしていかなる結果も受け入れる肝の据わった心構えです。

トップが前面に出てあれこれやるのは、部下をやりにくくさせてしまいがちです。**やる気のある部下に思い切って一度まかせ、自分はいったんドンと構えて結果を待ってみる**。そんな、自らは率先してがんばらないやり方も、ときには必要です。部下もまかされたからには、はりきってくれるでしょう。敬親の「そうせい侯」というあだ名は、不名誉どころかいいリーダーの称号として捉え直すべきかもしれません。

人まかせでも
思いがけない
成功が訪れるかも
しれないぞう!

飛鳥時代の女帝

皇《こう》極《ぎょく》天皇

政治は息子にバトンタッチ!
大好きな建築に熱中

こんな人

594~661年(飛鳥時代)。第34代舒明天皇の后で、中大兄皇子(天智天皇)、大海人皇子(天武天皇)の母。弟の孝徳天皇に譲位するが、孝徳天皇死後、第37代斉明天皇として再び即位(重祚)する。

こんなあなたの
人生ヒントに

□リーダーをやりたくない　□お願い上手になりたい
□やりたいことがあるのに実現できていない

皇極天皇

わが子のクーデターに、母ショック…！

飛鳥時代の女帝・皇極天皇ですが、ご存じの方は多くないかもしれません。彼女は**いつも誰かの陰に隠れがちでした。**

皇極天皇は第34代・舒明《じょめい》天皇の皇后でした。ふたりの間には、のちの天智《てんじ》天皇となる中大兄《なかのおおえの》皇子《おうじ＊》や、のちの天武《てんむ》天皇となる大海人皇子《おおあまのおうじ》が生まれています。舒明天皇が崩御すると、皇后だった皇極天皇が49歳で即位（第35代）。このときの朝廷では、蘇我蝦夷《そがのえみし》・入鹿《いるか》父子が権勢をふるっていました。蘇我氏は天皇の有力候補だった聖徳太子の子・山背大兄王《やましろのおおえのおう》ではなく、夫の舒明天皇を即位させてくれた有力豪族。そのつながりもあり、**皇極天皇は即位後もそのまま蘇我氏に政治をまかせていました。**

ところが、６４５年にクーデター「大化《たいか》の改新《かいしん》」（乙巳《いっし》の変とも）が起こります。

息子である中大兄皇子が側近・中臣《なかとみの》（のち藤原）鎌足《かまたり》らと共謀し、宮中にいた蘇我入鹿を皇極天皇の目の前で殺害。「これからは豪族ではなく、天皇を中心とした皇族が直接政治を行なうべきです！」と、入鹿の父の蝦夷も自害に追い込み、蘇我氏を滅亡させます。

＊「皇子」は「みこ」とも読む。

それがショックだったのか、皇極天皇は翌日には弟の孝徳《こうとく》天皇（第36代）に皇位を譲って退位します。**当時としては高齢だった皇極天皇は、若き皇子の急進的な改革路線を追認する気力しかありません**でした。

え、プレイバック？　再度即位で斉明《さいめい》天皇に

早々に身を引いた皇極天皇に対して、中大兄皇子はエンジン全開。叔父である孝徳天皇の皇太子におさまり、初めての年号「大化」を定め、公地公民制を整え、天皇中心の国造りに邁進しました。

ところが654年に孝徳天皇が崩御してしまいます。いよいよ次は中大兄皇子が即位か？と思われた矢先、退位したはずの皇極天皇に再度即位してほしいという依頼が皇子から来ます。「ええっ、また天皇になってほしいって!?」と、さぞ驚いたことでしょう。

天皇になると様々な神事や儀式もあり、立場上、政治の実務を動かすには制約が多くなります。改革を急ぐ中大兄皇子には、皇太子のままのほうが動きやすかったのかもしれません。

皇極天皇

皇極天皇と周辺の相関図

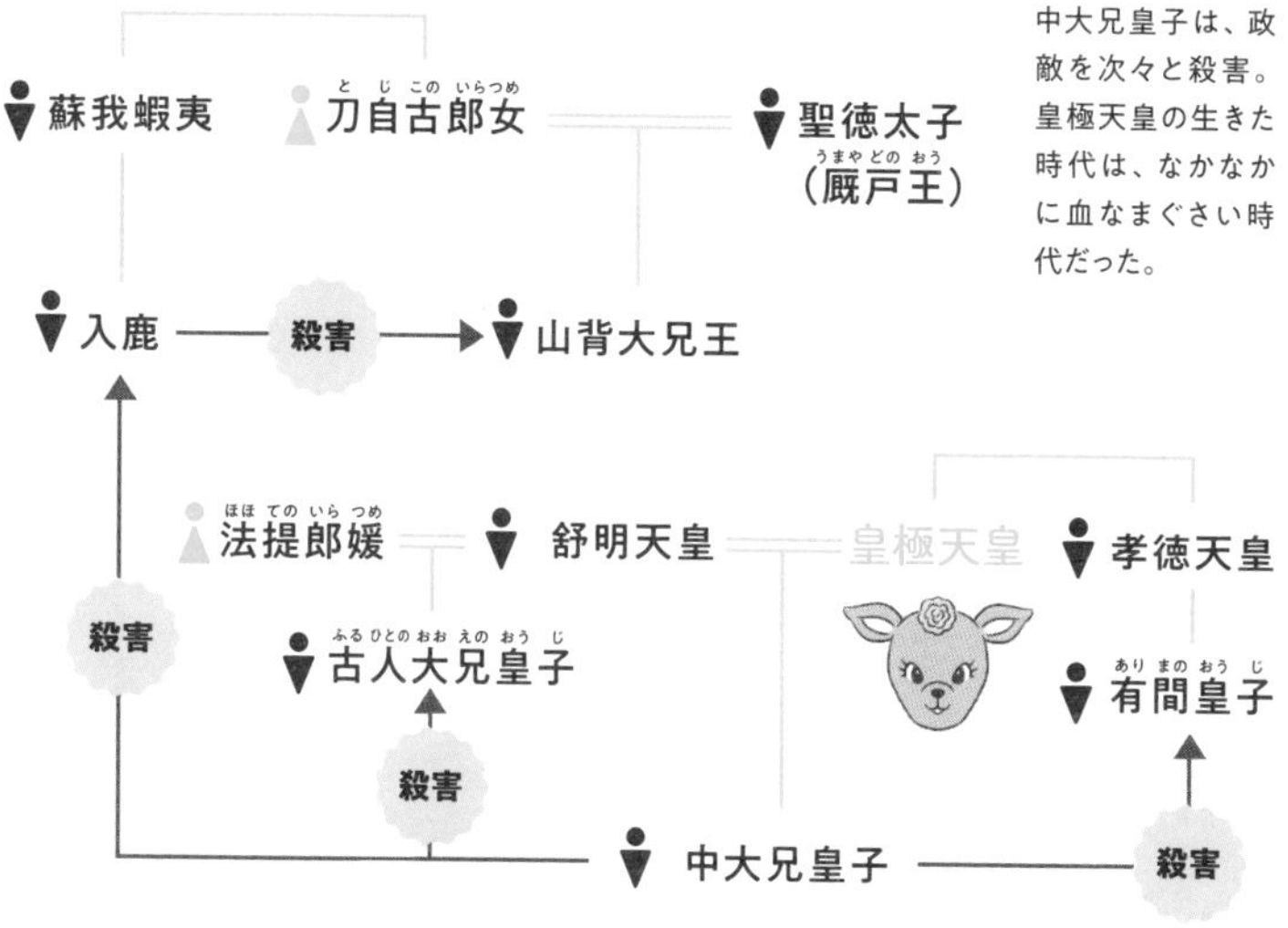
蘇我蝦夷
刀自古郎女《とじこのいらつめ》
聖徳太子
（厩戸王《うまやどのおう》）
中大兄皇子は、政敵を次々と殺害。皇極天皇の生きた時代は、なかなかに血なまぐさい時代だった。
入鹿
殺害
山背大兄王
法提郎媛《ほほてのいらつめ》
舒明天皇
皇極天皇
孝徳天皇
殺害
古人大兄皇子《ふるひとのおおえのおうじ》
有間皇子《ありまのおうじ》
殺害
中大兄皇子
殺害

655年、62歳で再び斉明天皇として即位。実はこれ、すごいことでした。天皇自身が自分からその地位を譲る「譲位《じょうい》」も、同じ人が2度天皇になる「重祚《ちょうそ》」も、皇極（斉明）天皇が史上初だったのです。**自ら権力を握らない天皇ではありましたが、日本史上では特筆すべきお方だということをお忘れなく。**

2度目の即位の直後から、朝鮮半島の国々や東北の蝦夷*などが朝貢・朝献してきました。力をつけた日本は、周辺の国や民族から一目置かれる一方、紛争に巻き込まれることにもなります。

「いつもどこかで、戦争して……。静かに暮らせないものかしら？」

イケイケどんどんモードの中大兄皇子の

＊朝廷に服属していない東北の勢力。

陰で、還暦をすぎた斉明天皇はこんな気持ちだったかもしれません。とはいえ、有能な息子がバリバリ働き、結果を出していく姿を母として頼もしく思っていたのではと想像できます。**期待しているからこそ、静観し続けられた**のでしょう。

土木工事に目がないのよ～♡

政治については息子におまかせの斉明天皇でしたが、熱中していたことがひとつありました。土木工事です。飛鳥（現・奈良県の一部地域）で即位した天皇は、飛鳥川原宮《あすかのかわらのみや》、ついで後《ご》飛鳥《あすか》岡本宮《おかもとのみや》と皇居をふたつ造営。さらに石上山《いそのかみやま》に通じる大水路（奈良県高市郡明日香村に現存）は、のべ3万人が動員されたといわれ、当時の人々から「狂心《たぶれごころ》の渠《みぞ》」と言われるほど厳しい労働を強いました。陰口をたたかれても造営するなんて、よっぽどお好きだったんですね。

斉明天皇としては、「政治はまかせるから、都を造ったり、水路をひいたりするくらい私が考えますよ！」という気持ちだったかもしれません。**こと土木事業に関しては、斉明天皇は思うようにのびのびとやれた**ようです。

皇極天皇

斉明天皇の時代には、故・孝徳天皇の遺児である有間皇子の謀殺事件や、蝦夷の征討などで国内がにわかに混乱しはじめます。対外的には唐《とう》（中国）・新羅《しらぎ》連合に圧迫される百済《くだら》の救援要請を受け、中大兄皇子が軍事介入を決定。新羅と百済は、当時、朝鮮半島に存在した三国のうちのふたつです。661年には、斉明天皇自身が筑紫《つくし》（現・福岡県のうち東部を除いた地域）に出陣しますが、出征先で病気になり、7月に薨去《こうきょ》。その後に朝鮮半島で起こった白村江《はくそんこう》（白村江《はくすきのえ》とも）の戦いでは、日本・百済連合軍は唐・新羅に大敗を喫します。

優秀でエネルギッシュな息子の中大兄皇子に、最後まで振り回された皇極／斉明天皇でしたが、都市のデザインは自由にやりつつ、自分は一歩引いていたことで、つねに重要な存在で居続けることになりました。今も昔も、仕事でも家庭でも、部下や子どもに口出ししすぎないほうが、案外うまくいったりするケースもあります。二度も国の最高位につきながら、**自分ががんばらず、熱意ある息子にまかせた皇極／斉明天皇**は、古代日本のお手本ママさんといえそうです。

今度は
スカイツリー
みたいな塔を建てて
みたいわね

江戸幕府4代将軍

徳《とく》川《がわ》家《いえ》綱《つな》

部下の言いなりでも
結果オーライの若将軍

こんな人

1641～1680年（江戸時代）。3代将軍・家光の長男。その治世に、保科正之、松平信綱ら幕閣の集団指導体制を確立。武力をもって統治する武断政治から、教育重視の文治政治に幕政を転換した。

こんなあなたの
人生ヒントに

□経験が少なくて不安　□自分に自信が持てない
□人を信用しやすい

徳川家綱

わずか11歳の私のもとに豪華メンバー集結！

1651年、3代将軍・徳川家光《いえみつ》が48歳で死去すると、まだ11歳だった家綱が4代将軍になります。

「そんな少年に将軍が務まるの？」と思ってしまいますが、父の家光は生前、盤石の補佐体制を固めていました。家光自身の異母弟である会津藩初代藩主の保科正之《ほしなまさゆき》、謹直な教養人であった老中（のち大老）・酒井忠清《さかいただきよ》、「知恵伊豆」といわれた老中・松平信綱《まつだいらのぶつな》らの優れた臣下たちが、家綱の代にも健在でした。

とくに保科正之は家光の弟として、領国会津に帰らず幕政を支えました。家綱政権の「三大美事」といわれた「末期養子の禁の緩和」「大名証人制度の廃止」「殉死の禁止」（137ページ）は、家綱は一歩下がった立場で、正之を中心に合議によって決めさせたといいます。

ちなみに「末期養子」とは跡継ぎのない当主が死の直前に養子縁組をすること、「大名証人制度」とは大名の正室や嫡子を江戸に人質として住ませることです。

家綱は病弱でしたが、唐（中国）の皇帝・太宗《たいそう》と名臣たちの問答集『貞観政要《じょうがんせいよう》』を好み、リーダーのあるべき姿を学んでいました。補佐役の重臣たちが優れていたのはもちろんですが、彼らに活躍の舞台を提供していた家綱の存在は見逃せません。

父・家光は将軍就任のとき、「余《よ》は祖父や父と違って生まれながらの将軍である」と宣言して諸大名を驚かせました。

しかし、そうした将軍専制の時代は終わり、世の中は政権スタッフによる合議制へと変わりつつありました。家綱の時代、武力によって制する武断政治から、文化や法律によって制する文治政治へと幕府の方向性が変わっていったのです。

部下にまかせて的確な災害対応

１６５７年、江戸の６割を焼き尽くし、江戸城の天守閣が焼け落ちた「明暦《めいれき》の大火」がありました。家綱は17歳になっていましたが、江戸城から脱出を図ることなくとどまり、被災者のために幕府の焼け残った蔵米を放出して炊き出しを行なうなど、為政者の度量を示しました。

「一刻も早い復興が必要だ。正之の指導のもと、頼むぞ！」と家綱は保科正之に一任します。

家綱の治世

家綱

サポート

酒井忠清
家綱時代の老中・大老。前橋藩主。屋敷が江戸城の正門前にあるほどの権力者。

保科正之
家綱の父・家光の異母弟。初代会津藩主として幕政をサポート。

松平信綱
家光の側近から老中となる。川越藩主。明暦の大火の後処理などの功績がある。

主な政策

末期養子の禁の緩和
跡継ぎのない大名が死に際し、急に養子を決めることを末期養子といい、その緩和。お家断絶を防ぎ、牢人増加を防止した。

大名証人制度の廃止
下剋上(＊)の防止に、大名の妻子は江戸に住むことになっていた。幕藩体制の安定で下剋上の可能性が減り、禁止に。

殉死の禁止
大名家当主が死去の際、殉死者が出ていたが、これを禁止。家臣は主人ではなく、お家に仕えることを意識させた。

正之は府内に広小路を設けて「火除け地」とし、主要道路の道幅拡張、両国橋の架橋などを次々に行なわせています。幕末に至る江戸の町割りの原型は、このときに整ったのです。

一方、天守閣については「今の時代には無用の長物」として、正之は再建の延期を主張しました。これ以来、今日までついに再建されることなく、今も皇居に「天守台」だけが残るのはそのためです。

「将軍が天守閣から遠眼鏡で四方を見下ろしていては、世人が嫌な思いをするだろう」

明暦の大火の前、天守閣に登って家臣から遠眼鏡をすすめられた少年家綱は、こう言って江戸の町を眺めるのを断ったといいます。**天守閣は無用とは正之の意見ですが、**

＊主君を討ち取り、その権力を奪うこと。戦国の乱世では多発した。

家綱も同じ意見だったことでしょう。

まるで正之たちに丸投げしていたかのようですが、将軍・家綱の思いは、きちんとその政策の底流に流れていたのです。

「そうしなさい」としか言わなくても名君！

保科正之ら家光以来の幕閣は老齢や死去によって交替し、後半生の家綱は大老・酒井忠清を中心に、老中合議制と将軍上意によって政治を行なっています。つまり、将軍が独断で決めるのではなく、幕閣が合議したものに将軍が承認を与えるという仕組みです。

こうした体制のなかで、飢饉《ききん》に備えた農政改革や、土木家の河村瑞賢《ずいけん》による東廻り航路・西廻り航路の開発、宗門人別《しゅうもんにんべつ》改帳《あらためちょう》の作成などが行なわれています。**家綱は前面には出てこない将軍でしたが、その治世に江戸幕府の様々な文化や制度が整っています。**

しかし1680年、病に倒れた家綱は40歳の若さで世を去りました。家綱は将軍時代、「そのようにせよ（さようせい）」と答えることが多く、陰で「さようせい様」と呼ばれたとされます。「そうせい候」と呼ばれた、毛利敬親（１２２ページ参照）と似ていますね。実務はおまかせとはいえ、ふたりとも有能な家臣を認めて、力を発揮させたことが成功のカギでした。家綱も、父・家光から継いだ幕閣によって薫陶《くんとう》を受けたはずで、なんの考えもない、ただのお坊ちゃま将軍だったとは考えられません。

『貞観政要』を愛読したという家綱。唐の皇帝がそうであったように、**臣下の提言を喜んで受け入れ、つねに最善の君主であろうと自身に課していた**のではないでしょうか。幼少期からすぐれた部下たちを目の当たりにしてきた家綱は、自然と人を見る目を養えたのかもしれませんね。「いい人材がいるときはまかせるほうがいい」と感覚でわかっていたのではないでしょうか。

まわりに有能な部下がいるときは、いい格好を見せようと無理にがんばったり、張り合ったりしなくてもいいのです。相手を認めること、そして信頼すること、それが大成のヒントなのかもしれません。これは親子関係にも通じますね。目上の人は信頼する、目下の人は信頼を糧に力を発揮する、ウィンウィンな関係を築いていきましょう。

カッコつけず
安心して
まかせられる
相手を探そう

邪馬台国の女王

卑《ひ》弥《み》呼《こ》

衣食住は人まかせで引きこもっていたらカリスマ性アップ

こんな人

生没年不詳（弥生時代）。邪馬台国の女王となり、霊力・呪術力で倭国の首長を束ねた。魏と国交を持ち、「親魏倭王」の称号を受ける。卑弥呼の治めた邪馬台国の所在地はいまだ謎で、論争が続いている。

こんなあなたの人生ヒントに

□部下の分まで必死でがんばる　□指導力不足といわれる

□人をまとめるのが苦手

神秘とカリスマの女王とは私のこと

卑弥呼といえば、古代中国の三国時代（220～280）の魏《ぎ》に朝貢し、『魏志倭人伝《ぎしわじんでん》』に記録された謎多き邪馬台国《やまたいこく》の女王です。

「霊能や占いの力で人々を支配した女王」というイメージがありますが、たしかに卑弥呼はそうした能力に恵まれ、それによって周辺国の首長たちを心服させていました。

当時の日本（倭国《わこく》）では、小国が分立し、180年前後から戦乱が続いていました。邪馬台国もそのなかのひとつでしたが、女性の卑弥呼に白羽の矢が立ち、首長たちから担ぎ上げられ、女王になったところ、戦いがおさまったようです。

卑弥呼は宮殿・楼観《ろうかん》（物見やぐら）・城柵のある邸に兵士に守られて住み、1000人の下女がいて、実際の政治や軍事はすべて弟まかせだったといいます。卑弥呼は一切、人に会わず、その言葉はすべて弟を通じて人々に伝えられたのです。**それが神秘性とカリスマ性を高め、あえて顔出ししないアーティストやインフルエンサーのように人々の支持を集めた**のでしょう。

表向きなことは一切「人まかせ」にしながら、卑弥呼は邸のなかで何をしていたのでしょう

か。『魏志倭人伝』は、卑弥呼が「骨を灼《や》きて卜《ぼく》し、以《もっ》て吉凶を占う」と記述しています。
しかし、卑弥呼は自室にこもって「鬼道《きどう》」（呪術的な祖先の祭祀《さいし》）を行なっていただけではありませんでした。

グローバルな意識高い系の女王でしたの

２３９年、卑弥呼は大夫の難升米《なしめ》という人物を魏の都・洛陽《らくよう》に派遣しました。生口《せいこう》（奴隷）や班布《はんぷ》（麻の布）を献上し、その見返りに魏の帝からは「親魏倭王《しんぎわおう》」とする詔書《しょうしょ》が出され、金《きん》印紫綬《いんしじゅ》、銅鏡１００枚、太刀などを授かっています。

卑弥呼はこのように国際感覚も持った女王で、国内政治は弟まかせにしつつも、他国と友好関係を築いていたのです。それが功を奏し、邪馬台国と対立していた狗奴国《くぬのくに》（狗奴国《くなのくに》など別の読みもあり）が反乱を起こしたときは、魏からの支援を得ています。

ところが、戦いのさなか、卑弥呼は亡くなってしまいます。実は卑弥呼は女王になったときすでに、かなり高齢の女性だったようです。女王になったあとの卑弥呼は、弟と、食事を供す

る男性以外は誰も見た者がなかったといい、その年齢不詳さもカリスマ性を高める要素だったのでしょう。

けれども、これも表のことを一手にまかせられる弟の存在があったからこそです。

外交などの情報も得ながら、**屋敷のなかで呪術や占いに没頭するには、それを可能にするパートナーが必要**なのです。

できること以外は、すべて人まかせに！

卑弥呼は霊魂と直接交感できる能力を持っていたとされ、国の方針を霊の導きにしたがって決めていたといいます。これは「祭政《さいせい》一致」という政治と宗教が一体化した原始的なあり方です。倭国には小国が分立していましたが、卑弥呼はその能力によって他国の首長たちを従え、邪馬台国は倭国のなかでも、中国から初めて認められた国家になりました。

卑弥呼が行なっていた祭祀は週に一度、神を降臨させ国政を判断し、夏と秋には祭りがあったといいます。屋敷にこもっていたとはいえ彼女の一年は、意外に忙しかったかもしれません。

しかし、自身の役割を祭祀に特化したことで、卑弥呼は邪馬台国を束ねることができました。卑弥呼がもし、こまかい実務も担っていたり、普段から人前に姿を見せたり、生活をさらしたりしていたら、そこまでカリスマ性は高まらなかったでしょう。そうなると、他国の首長に畏れられることもなく、国を束ねることはできなかったかもしれません。衣食住はおまかせだったことで、結果的に国力が高まったともいえそうです。

卑弥呼の場合は呪術によるカリスマ性でしたが、**人から担がれるリーダーは、自分ならではの人を引きつける能力を自覚し、役割を特化させたら「うまく人に頼る」ことが大切**なのでしょう。小国がバラバラに存在した日本列島の倭国にあって、卑弥呼は邪馬台国を初めて東アジア世界で「国」として認められる存在に押し上げたのです。

リーダーじゃないあなたも、「私がしないと！」とあれもこれもがんばらないほうが、かえって物事がうまく回っていくかもしれませんね。

自分の得意分野を把握し、それ以外の面はおまかせできる相手と組むことが、仕事も家庭もまとまるコツなのかも。

リーダーの
がむしゃらな姿なんて
見せたくない
じゃない？

がんばりすぎてしまった人たち④

吉田松陰《よしだしょういん》

黒船にまで突撃する行動の人 理想に燃えすぎてまさかの死罪

高杉晋作《たかすぎしんさく》、桂小五郎《かつらこごろう》(木戸孝允《きどたかよし》)、伊藤博文《いとうひろぶみ》ら、幕末維新の中心人物を数多く輩出した長州藩には、その精神的支柱になった教育者がいました。私塾・松下村塾《しょうかそんじゅく》で彼らを教えた吉田松陰です。

松陰は下級藩士出身ですが、少年時代から秀才で、わずか11歳で藩主・毛利敬親《もうりたかちか》の前で兵書を講義。19歳で兵学師範として独立し、尊《そん》王攘夷《のうじょうい》や富国強兵を主張します。

かねて留学を希望していた松陰。1854年、二度目のペリー来航時に、なんと密航を企て黒船に突撃して直談判しました。当然、失敗に終わり、松陰は自首。その後、自宅謹慎中に開いたのが松下村塾です。

しかし、松陰は行動の人。藩主や国のため「忠義をなしたい」と考え、じっとしてはいられません。1858年、幕府の日米修好通商条約締結に激怒すると、老中・間部詮勝《まなべあきかつ》の暗殺を計画します。それが明るみに出て、幕府の取り調べを受けると、松陰は計画を堂々と白状しました。

そのため、暗殺を構想しただけなのに、まさかの死刑判決。自らの信念に誠実だからこその自白でした。

松陰の生き方は、その後、幕末の志士たちの行動規範として継承されます。しかし、不器用すぎるまっすぐさが、稀代の才能をわずか30年で終わらせる結果を招いたのでした。

こんな人 1830~1859年(江戸時代)。長州藩士。25歳のとき黒船密航に失敗、投獄生活を経て松下村塾を開き、多くの人材を育てる。30歳のとき、安政の大獄で処刑された。処刑前日に遺書『留魂録《りゅうこんろく》』を書く。

5章

振り回されない

立派な人になんて
ならなくていいんだ
大石内蔵助

組織のなかになんて
おさまって
いられんのぉ～
坂本龍馬

業績を上げて高収入を目指す！
出世して影響力を持ちたい！
こんな上昇志向やハングリー精神もいいのですが、
そういった気持ちが強いほど、
組織の都合でがんばらされたり、
まわりの人の意向に、左右されがちなもの。
ここで紹介するのは、社会的地位や自分の利益を
気にしなかったり、あきらめたりした人物です。
それによって自分らしく生きられた人たちのありさまは、
人に振り回されたくないあなたのヒントになるのでは？

野心とか持たなくても
楽しく
生きていけるよ～
鴨長明

自由とヒマさえ
あればいい！
吉田兼好

歌人・随筆家

鴨《かもの》長《ちょう》明《めい》

3メートル四方の庵でゆるゆる暮らした元祖ミニマリスト

こんな人

1155〜1216年（平安時代〜鎌倉時代）。下鴨神社の禰宜の次男に生まれる。神職の地位を得られなかったため、50歳で出家して隠居。隠者文学『方丈記』は代表作。

こんなあなたの人生ヒントに

□思い悩むタイプ　□物が捨てられない

□世間体を大切にする

鴨長明

質素な小屋住まいながら、実はサラブレッド

鴨長明は『方丈記《ほうじょうき》』の著者として知られていますが、この書名は晩年に過ごした日野《ひの》（現・京都市伏見区）の草庵にちなんだものです。「方丈」とは、一丈（約3・3メートル）四方の面積を指し、そう聞くと、そんな狭い家屋に住むほど貧乏だったのかと思いますね。たしかに草庵では経済的に苦しかったようです。

でも、長明は京都最古の神社のひとつ、賀茂御祖《かもみおや》神社（下鴨《しもがも》神社）の禰宜《ねぎ》*の次男に生まれ、少年時代はむしろ希望に満ちた未来を思い描いていました。ところが18歳のとき、父が死ぬと運命が暗転し、長明は禰宜の後継者争いに敗れてしまいます。

「まあ仕方がない、風流の道に生きることにするよ」と発想を切り替えた長明は、和歌や琵琶を習い、とくに歌人としては「詠み人知らず」ながら『千載和歌集《せんざいわかしゅう》』に入集するほどになります。長明が20代から40代をどう送ったのか、くわしいエピソードはあまりわかっていません。

しかし、**世間的に自由な立場になったことで、文化の道に没頭する時間がとれて**、歴史に名が残る「鴨長明」が誕生したのです。

＊高位の神職の職名のひとつ。宮司の補佐官。

出世欲を出してみたら失敗しちゃった

1204年、長明50歳のときです。賀茂御祖神社の摂社《せっしゃ》*の禰宜職に欠員が出ました。長明は禰宜就任を強く望み、鎌倉幕府対朝廷の承久《じょうきゅう》の乱で有名な後鳥羽《ごとば》上皇の内諾までとりつけます。ところが当時の禰宜の鴨祐兼《かものゆうけん》が、自分の長男を推して反対し、またも道を閉ざされたのです。

禰宜になれなかった長明は、近江国（現・滋賀県）大岡寺《だいこうじ》で出家。**歴史ある神社の家に生まれたのに、仏教に帰依するのだからファンキー**です。

当時の仏教では浄土宗が流行っていましたが、長明は宗派にはこだわらなかったといいます。隠居生活を送りますが、和歌や琵琶には熱心なものの、仏道修行はさっぱりだったとか。

長明にとって出家は、**「人に足を引っ張られてまで、がんばることはもうしません」**というパフォーマンスだったのかもしれません。そして、1212年に『方丈記』を書きます。

「ゆく河の流れは絶えずして、しかももとの水にあらず」

教科書でもおなじみの格調高い書き出しの『方丈記』。その無常観には、立身を望むとことごとく裏目に出た人生が投影されていると思われます。それは**無常の世だからこそ、人は自由**

＊神社本社とは別に境内にある小さな社。

であっていいという考え方の表明でもあったでしょう。

災害でショックは受けたけど文化で力発揮

しかし『方丈記』の無常観に本質的な影響を与えたのは、当時たび重なった自然災害の惨状

出世レースに敗れた長明は、方丈庵という小屋に隠棲。当時の場所とは異なるが、現在、方丈庵は下鴨神社内に復元されている。

です。長明は『方丈記』にもそれを克明に記録しています。とくに1177年と翌78年に起こった2度の大火で、京都は壊滅的な被害を受けます。地震・飢饉・日照り・洪水が立て続けに襲い、当時の「末法《まっぽう》思想」と結びついて、無常観が多くの人たちの心を支配していたのです。

末法思想とは、平安中期から盛んになった考え方で、釈迦《しゃか》の入滅《にゅうめつ》（死）から2000年を経ると、仏の教えが衰退し、「末法の世が来る」という考え方。日本では1052年からが末法の世と信じられ、その頃、念仏を唱えれば誰でも極楽浄土に行けるという浄土教が新たに台頭してきました。

「生れ死ぬる人、いづかたより来りて、いづかたへか去る」

鴨長明

生まれる人はどこからやってきて、死ぬ人はどこへ去るのか。私にはわからない――。

『方丈記』の冒頭のほうにある言葉です。だからといって、長明は世を捨て草庵でニート暮らしをしていたわけではありません。勅撰和歌集に25首も和歌が入集するなど、一流の文化人であり続けました。

『方丈記』を書き上げた4年後、長明は1216年に亡くなっています。人生が思うにまかせず、自然災害などで悲惨な目にも遭いながら、長明は表現することをやめませんでした。たったひとりで自分と向き合った『方丈記』で、長明は歴史に名を残しました。

うまくいかないこと、つらいことが続いて、がんばる気持ちをなくしたら、世間から少し離れて、自分と向き合う時間を持ってみませんか。そうすることで、長明のように新たな突破口が見つかるかもしれません。

心折れることも
あったけど、
ミニマムな暮らしは
楽しかったな～

赤穂藩家老

大《おお》石《いし》内蔵助《くらのすけ》

力まずゆうゆうと 主君の仇討ちを成し遂げた 赤穂浪士のリーダー

こんな人

1659～1703年(江戸時代)。主君・浅野長矩が江戸城で刃傷事件を起こし、赤穂藩はお家断絶となる。主君の仇討ちのため、赤穂浪士を率いて吉良邸討ち入りを首謀する。討ち入り後、切腹。

こんなあなたの 人生ヒントに

□期待されるとがんばりすぎてしまう

□頼まれると嫌と言えない　□目標を見失いがち

「昼《ひる》行《あん》燈《どん》」って不名誉なあだ名で呼ばれたよ

大石内蔵助といえば、赤穂浪士《あこうろうし》の討ち入りで主君の仇討ちを成功させた人物として知られています。泰平の江戸時代に、主家・浅野《あさの》家の取り潰しから何ヵ月もかけて仇討ちを成功させるなど、よほどの策士に違いありません。

しかし、大石のニックネームは「昼行燈」。1679年に21歳で赤穂藩の筆頭家老になっていますが、その頃からのあだ名だといいます。**「間が抜けた、ぼんやりした人物」という意味**ですが、あだ名どおりおっとりしていて、「切れ者」のイメージではなかったようです。

1694年、備中松山《びっちゅうまつやま》藩の水谷《みずのや》家が改易《かいえき》*になり、主君・浅野長矩《ながのり》が城の引き取りを幕府に命じられたときのことです。松山城側は改易に納得がいかず、徹底抗戦の構えを見せましたが、単身で城内に入った内蔵助は松山城側を説得して、無事に開城にこぎ着けています。何も考えていないボーッとした「昼行燈」であれば、これほどの大役を果たせなかったでしょう。

「物静かで言葉少なだった」「温厚で度量があった」という同時代人の評も残っています。

＊幕府が領土を取り上げ、身分をはく奪し、大名家が取り潰されること。

内蔵助が率いた赤穂浪士事件

松の廊下刃傷事件（1701年）

浅野（内匠頭《たくみのかみ》）長矩 ―― 斬りつける → **吉良《きら》（上野介《こうずけのすけ》）義央《よしなか》**

浅野長矩が、江戸城松の廊下で吉良義央を斬りつけ、負傷させる。理由は諸説ある。

長矩は朝廷の勅使接待役、吉良は幕府内の儀礼指導役という間柄だった。

私闘ではなく、長矩の襲撃事件と判断され、長矩はその日のうちに切腹、浅野家は改易に。一方、おとがめなしだった吉良は、赤穂藩側から恨みを買うことに。

赤穂浪士討ち入り（1702年）

大石内蔵助たち ―― 討ち入り → **吉良義央**

赤穂浪士たちは主君の恨みを晴らすため吉良邸に討ち入り。ひとりも死者を出すことなく、吉良を討ちとる。その後、彼らは切腹処分に。

邸宅内への襲撃を許し、首をとられた吉良のほかにも、数十名の死者を出す。事件後、吉良家もお取り潰しとなった。

突然のお家取り潰しにもあわてない

ことの始まりは１７０１年、長矩が江戸城で吉良義央に対して刃傷《にんじょう》に及んだこと（松の廊下刃傷事件）。５代将軍綱吉《つなよし》は激怒、長矩の即日切腹と赤穂藩改易を申し渡します。これに対し、内蔵助は江戸城内で刀を抜いた主君の切腹は仕方がないが、義央に何らとがめがないことを問題にします。

「バカな。天下の決まりは『ケンカ両成敗』のはず……」

しかし内蔵助は激高するでも嘆くでもなく、幕府との籠城戦まで飛び出す議論百出

大石内蔵助

の家臣たちをまとめ、赤穂城を幕府に明け渡します。そして、①吉良にも罰則を、②長矩の養子で弟の浅野大学《だいがく》によるお家再興、という2点を淡々と幕府に訴え続けることにしたのです。

その場の感情や武士の意地にまかせて行動するのは簡単ですが、内蔵助は**勇ましい言動よりも、現実的に未来を見据えていました**。しかし、幕府はとり合いません。内蔵助は家族と京都・山科《やましな》に移り住みますが、ほどなく妻子を豊岡《とよおか》（現・兵庫県豊岡市）の実家に返しています。堀部安兵衛《ほりべやすべえ》たち強硬派の赤穂浪士は主君仇討ちの決起をうながしますが、内蔵助はのらりくらりと引き延ばします。妻子と別れると、内蔵助は京都の祇園や島原で放蕩三昧を始めました。

これは「幕府の目を欺くため」というのが定説ですが、内蔵助はもともと粋人で、酒が大好き、江戸に出たときも吉原遊郭に遊びに出かけていました。**仕事はブレないでやるけれど、毎日の楽しみも捨てられない性格**だったようです。

しかし、強硬派の家臣たちに迫られ続けた内蔵助は、ついに仇討ち決行を覚悟します。

ゆうゆう着々と悲願の仇討ち成功！

1702年12月14日、赤穂浪士47名（正しくは46名）が吉良邸討ち入りを決行。浪士側はひとりの死者を出すこともなく吉良義央を討ち、主君・長矩の墓がある泉岳寺《せんがくじ》（現・東京都港区）に首を持って向かいました。

彼らの行動は幕府から「仇討ち」とは認定されず、徒党事件として斬首に値する罪になります。ただし、刃傷事件前後からの経緯を鑑み、罪人としての斬首ではなく、武士としての体面を保てる切腹の沙汰が下りました。

「殿、これでよかったのでしょうか。最善を尽くしました……」と内蔵助は、亡き主君に問い

大石内蔵助

かけたことでしょう。内蔵助は、家老時代は物静かで言葉が少なく、ぼんやり者と見られがち。主君を失い浅野家が改易になっても、酒や女遊びをつつしまない……そんなふうに、雄々しいリーダー像とはおよそ無縁な人物でした。

つかみどころがない、この複雑さが内蔵助の懐の深さと人間的魅力を高めたのでしょう。その行動と人柄は、大きな目標さえ見失わなければ、普段から張り詰めてあくせくするのはかえって無駄であることを、身をもって示してくれているようです。

まわりから期待され、「ああしてほしい、こうしてほしい」と言われると、なんとかそれに応えようとしてしまうのが人間の心理です。**内蔵助は最大の目的だった「吉良邸討ち入り」を果たしましたが、周囲の意見に振り回されて行動することはありませんでした。**ビジョンを見失わず、自分のペースで動いたのが、成功に結びついたのです。ついまわりの言うままがんばってしまうとき、何が目的だっけ？　と見直してみませんか。

力まず、でも大切なことにはブレない内蔵助流の生き方が見えてくるかもしれません。

自分の目的だけ
見失わなければ
ときには遊んだって
いいんだよ

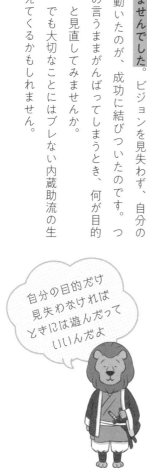

幕末の土佐藩士

坂《さか》本《もと》龍《りょう》馬《ま》

窮屈な藩を飛び出し
フリーな立場で
幕末を泳いだ

こんな人

1835〜1867年（江戸時代）。土佐藩郷士の家に生まれ、江戸に遊学中にペリー来航を経験する。土佐藩脱藩後に、海援隊で通商事業を始める。薩摩と長州の薩長連合を成立させ、「船中八策」を残した。

こんなあなたの
人生ヒントに

- □人に合わせるのが苦手
- □人脈づくりがうまくいかない
- □組織のなかで悩んでいる

藩士の身分ではなく、フリーランスでした

対立していた薩摩《さつま》藩と長州《ちょうしゅう》藩の仲立ちをし、薩長同盟《さっちょうどうめい》を成立させたといわれる坂本龍馬。彼は土佐《とさ》藩（現・高知県）を無断で抜け出した脱藩浪士でしたが、薩摩の西郷隆盛《さいごうたかもり》、長州の桂《かつら》小五郎《こごろう》（木戸孝允《きどたかよし》）という雄藩の重役の知己を得て、活躍します。

幕末の大物志士はみな藩士の身分なのに、龍馬だけがなぜ、藩の後ろ盾を持たない浪士の身で、日本を動かすような仕事に参加できたのでしょうか。

坂本家は土佐の豪商・才谷《さいたに》家の分家で、龍馬は長男と3人の姉のあとに末っ子として生まれました。裕福な家庭で女兄弟に囲まれて育った少年時代は、泣き虫だったといいます。しかし、すぐ上の姉・乙女《おとめ》に鍛えられ、道場に通って剣の腕を磨くうち、たくましく成長しました。

1861年、27歳になった龍馬は、友人の武市瑞山《たけちずいざん》が主宰する土佐勤王党《きんのうとう》*に入りました。藩の外で国事に奔走するなかで、外の世界に目が開かれていった龍馬。この頃党内の活動が過激化し、土佐藩の重役・吉田東洋《よしだとうよう》を暗殺するなどの事件を起こしました。「目的のためなら人殺しもするやり方にはついていけん」と、龍馬はその動きを批判的に見たのです。

＊尊王攘夷をかかげて結成された党。

翌年、龍馬は脱藩し、浪士として幕末の動乱期に何かをなそうと志します。しかし、当時の龍馬には具体的な目標はなく、**とりあえずカンに頼って組織を飛び出した**感じでした。

フリーになって、一気に人脈が広がった！

脱藩によって自由を手にした龍馬は、江戸に出ると幕臣・勝海舟《かつかいしゅう》のもとを訪ねます。外国人を追い払う攘夷思想にかぶれていた龍馬は、当初、開国派の勝を斬ろうとしたといいます。しかし、勝に世界情勢を説かれてその見識に感動し、その場で弟子入りしたという話も――。

けれど、これは後世の脚色で、史実の龍馬は勝とともに佐久間象山《さくましょうざん》*の私塾に入門していました。そのなかで国防や海外事情を教えてくれる勝に感謝し、改めてその弟子になったのです。

「勝先生こそ、これからの日本に大切な人。ついていくぞ！」

どこかの藩に所属していたら、こんな好き勝手は許されませんから、脱藩こそが、その長所を最大限に引き出す起爆剤になったといえます。

弟子入り後は、勝を補佐する形で神戸海軍操練所の設立に尽力、１８６３年にはその横に開

＊幕末の思想家。海外事情を研究し、江戸で兵学・砲術の私塾を開いた。

坂本龍馬

土佐藩を飛び出したあとの龍馬
1862年
1 土佐藩脱藩
土佐勤王党の武市瑞山や土佐藩と意見が合わず、脱藩する。
1863年
2 神戸海軍操練所の設立に参加
軍艦奉行だった幕臣・勝の海軍操練所を支える。同時に設立した海軍塾の塾頭も務めた。
1865年
3 亀山社中を設立
海運貿易を行なう、日本初の商社・亀山社中を結成。のちに海援隊《かいえんたい》に改名。
1866年
4 薩長同盟成立
海外勢力と渡り合うために、大藩薩摩藩と長州藩の連携が必要と考え同盟を成立させる。
1867年
5 龍馬暗殺
大政奉還にもかかわったあと、京都の定宿・近江屋にて暗殺される。犯人は不明。

設された私塾の塾頭になります。ところが頼りにしていた勝が突然、翌年に失脚し、操練所は解散になってしまいます。

「幕府は何を考えとるんじゃ。海軍の増強は一刻を争うのに！」

　しかし、この時期に龍馬は勝の紹介で、松平慶永《まつだいらよしなが》・横井《よこい》小楠《しょうなん》・大久保《おおくぼ》一翁《いちおう》といった藩主クラスから学者、幕府の重鎮まで、時代を担う多くの重要人物と出会い、西郷隆盛とも知り合っています。尊敬する人の言うとおりに動き回っているうちに、すごい人脈が形成されたのです。

「誰もやらないなら、自分で一大勢力を築こう！」と、1865年、龍馬は薩摩藩の保護を得て、長崎に亀山社中《かめやましゃちゅう》＊を結成し、通商海運業を始めます。この仕事で各藩の

＊龍馬が仲間と設立した海運貿易会社。のちの海援隊。

キーマンとの人脈はさらに広がり、翌年の薩長同盟につながりました。

自由すぎた？　薩長同盟の翌年に暗殺

1867年1月、土佐藩士で参政（藩主の代理人）の後藤象二郎《ごとうしょうじろう》は、藩外でがっちり人脈と声望を得た龍馬を見て、脱藩の罪を許し、龍馬を海援隊長、中岡慎太郎《なかおかしんたろう》＊を陸援隊長《りくえんたいちょう》として帰藩させます。**自由に生きて、土佐藩にとっても、必要とされる人材に育っていた**のです。

この年の6月、後藤と京都へ向かう船のなかで示したとされるのが、有名な「船中八策《せんちゅうはっさく》」です。大政奉還（93ページ参照）や議会制度の導入などを示したもので、これをもとに10月、前藩主の山内容堂《やまうちようどう》が将軍・徳川慶喜《とくがわよしのぶ》に建白し、大政奉還が決まります。この建白で、土佐藩はなんとか薩長に置いてきぼりにされず、明治維新をリードする雄藩としての面目を保ちました。

しかし翌月、龍馬は京都・近江《おうみ》屋に慎太郎といたところを刺客に襲われ、33年の生涯を閉じます。

＊土佐藩士。土佐勤王党員で、龍馬のあとに中岡も脱藩。尊王攘夷活動をしていた。

「新しい日本ができたら、世界の海援隊でもやりますかいのう！」

この有名な言葉は現在、創作と見なされていますが、龍馬が多くの可能性を持っていたことは確かです。

薩長でもなく、幕府寄りでもない、第三の道「万機《ばんき》公論《こうろん》に決すべし*（天下の政治は、世論に従って決めよ）」——戦《いくさ》をせず、平和な世を創りたかったのが、龍馬の本心でした。

龍馬は、最後まで「組織のなかでうまくやろう」というがんばり方はしませんでした。

今の場所や人間関係がしんどいなと思ったら、龍馬のように外の世界に目を向けて、まったく新しい方向を探ってみませんか？

飛び出すことは勇気のいることであり、今までの環境を失ってしまいます。

しかし思い切って踏み込めば、そこに楽しい未来があるかもしれませんよ！

どこかに所属
しちゃうと本当に
やりたいことって
できないじゃん？

 ＊五箇条の御誓文の第一条に記された一文。

歌人・随筆家

吉《よし》田《だ》兼《けん》好《こう》

世を捨て自由を求め 出家したのに言いたい放題！

こんな人

生没年不詳（鎌倉時代〜室町時代）。兼好法師とも呼ばれる。神職の家に生まれるも出家。隠遁者として生活するが、世間の貴人と広い人脈を持った。日本三大随筆のひとつ『徒然草』の作者。

こんなあなたの 人生ヒントに

□俗社会に疲れている　□しがらみにうんざりぎみ

□本音で話せる人がいない

世間の枠にはめられたくない！

「つれづれなるままに、日暮らし硯《すずり》に向かいて……」

古典の教科書に必ずといえるほど登場する、『徒然草《つれづれぐさ》』の書き出しです。

「ヒマに任せて一日中硯に向かって～」といった意味ですが、作者の吉田兼好には、なぜそんなに時間があったのでしょうか？

吉田兼好は、京都・吉田神社の神職である卜部《うらべ》氏という由緒ある家系に生まれました。その人生ははっきりしない部分もありますが、19歳のころには、後二条《ごにじょう》天皇に蔵人《くろうど》（秘書的仕事）として仕えたといいます。それを20代半ばで辞し、30歳前後に出家しました。

『徒然草』に、「何の興ありてか、朝夕君に仕へ、家を顧みる営みのいさましからん」と兼好は書いています。「何が面白くて、朝夕に宮仕えをして、家の心配をして暮らさなきゃならないんだ」という意味ですが、彼は**世間的な枠にはめられた暮らしより、自由が欲しかった**ようです。

「名利に使はれて、静かなる暇なく、一生を苦しむるこそ、愚かなれ」とも書いています。「名誉欲や利益を追い求めて静かな時間も持てず、苦しむ人生は愚かだ」というのです。つまり、

兼好は「ヒマを持て余した」のではなく、**ヒマがある人生こそすばらしいと考え、それを実践**したのです。

自由なポジションと文化を求む！

出家した兼好ですが、寺に入って厳しい仏道修行をすることはありませんでした。出家したといっても、厳しい修行で自由がなければ宮仕えと同じです。

その後、比叡山《ひえいざん》横川《よかわ》などの草庵に住み、和歌などを通じて当代一流の文化人たちと交流を結んでいました。「世捨て人」ながら、いつでも京都の町なかに行ける場所で暮らしていたのです。兼好は、「お金や出世のためにがんばるのはまっぴらだが、人間関係は維持したい」と考えていたのでしょう。自分の得意な文学の才能を活かし、文化的な生活をすることこそが願いであり、官吏とか僧侶とかいう既存の枠組みに振り回されない生き方を大切にしようとしたのです。

出家の前後には2度にわたり鎌倉に行き、しばらく暮らしていました。このとき、のちに鎌倉幕府15代執権《しっけん》となる金沢貞顕《かねさわさだあき》の知遇を得ていました。京都では、権大納言《ごんのだいなごん》まで出世する

名誉や利益を敬遠した兼好。さらに『徒然草』では、質素倹約を心がけて、財宝も持たず、利欲をむさぼらない人が立派とも書いている。

二条《にじょう》為世《ためよ》に和歌を学び、「為世門下の四天王」に数えられます。南北朝時代に入ると、足利尊氏《あしかがたかうじ》・直義《ただよし》兄弟や尊氏の執事・高師直《こうのもろなお》とも交流がありました。自らは自由を求めつつも、交友関係は意外に豪華です。

文化的な人間関係と自由なポジションこそ、兼好が求めた生き方だったのです。

「こうなりたい」が普通の人とは違う?

「この世に生まれたからには、こうなりたいという願いはあるもの」

兼好は『徒然草』第1段にこう書いてい

ます。「ありたき事は、まことしき文の道、作文・和歌・管絃の道」、さらに有職故実（古来の作法）で人の手本になれたら言うことはないと続きます。

私たちは「願い」というと、お金とか出世とか健康とか、どうしても自分や家族の利益になることを最初に考えがちです。ところが兼好は、文学・芸能、古来からの作法で人の手本になりたいというのです。おそらく70年以上生きたであろう兼好の人生は、**世間的な成功者ではないものの、「風変わりな文化人」**として周囲からの尊敬を集め続けたものだったろうと想像できます。

世間が決めた常識に合わせるような生き方を、兼好は徹底して嫌いました。「ここまで人をディスるか⁉」というほど、激しい言葉で他人を罵倒している文章も『徒然草』には散見されます。今でいうと、辛口コメントをSNSで発信する文化人でしょうか。こうした文章を書けるのも、常識の外に「居場所」を見つけた兼好ならではといえるでしょう。

その上で兼好は、「世捨て人」であることで、高貴な人物たちとも身分や政治的立場を超えた交流を愉しみました。まさに**何ものにも「振り回されない」ことそのものを人生の目標にした、究極の自由人だった**のです。

宮仕えを辞めて世捨て人になり、出家をしても仏道修行に振り回されるのを嫌った吉田兼好。

出世も修業もがんばらず、型にはまらない生き方に徹したからこそ、日本三大随筆（ほかに『枕草子』『方丈記』）のひとつである『徒然草』の作者として、後世にまで大きな影響を与えたのです。本人の「ありたき事」が叶い、令和のいまも名が残っていると知ったら、辛口な兼好もニヤリとするかもしれませんね。

世間から
はみ出したとしても
好きに文化できたよ

おわりに

歴史上の偉人だって
つねに100％の力で
がんばっていたわけじゃない

逃げてもいい
泣いてもいい

人にまかせてもいい
ときには息抜きしてもいい

そんながんばらない生き方を
ヒントにして
ゆる～っと脱力でいきましょう

なぜこの動物キャラ？

紹介した偉人たちのイラストは、各人物の特徴を動物キャラで表しました。
イメージとピッタリ合っていたでしょうか？

P28
聖武天皇（しょうむてんのう）

ウサギ：繊細で弱々しく、跳んで逃げるイメージで。

P24
上杉謙信（うえすぎけんしん）

アライグマ：実は凶暴で怒ると怖い。

P18
足利義政（あしかがよしまさ）

コアラ：眠れる政治家だったので、よく眠る動物に。

P50
葛飾北斎（かつしかほくさい）

シロクマ：豪快で凶暴で大胆！

P44
前田慶次（まえだけいじ）

ネコ（茶トラ）：自由気ままなネコ。茶トラはオスが多め。

P36
和泉式部（いずみしきぶ）

キツネ：男性を誘惑する女狐……。

P12
桂小五郎（かつらこごろう）

チーター：逃げ足が速いから。

P76
大村益次郎（おおむらますじろう）

ハリネズミ：コミュ障ぶりをトゲトゲのイメージ。

P70
池大雅（いけのたいが）＆
池玉瀾（いけのぎょくらん）

カピバラ：のんびり屋でマイペース。

P62
石田三成（いしだみつなり）

柴犬：忠誠心は強いけど、かなりの頑固者。

P56
勝小吉（かつこきち）

カンガルー：ケンカっ早く、ピョンピョン落ち着かない。

P96

京極《きょうごく》初《はつ》

ネコ（三毛猫）:周囲に流されない。三毛猫はほぼメス。

P90

徳川《とくがわ》慶喜《よしのぶ》

ブタ:豚肉好きの慶喜のあだ名は「豚一殿」。

P84

今川《いまがわ》氏真《うじざね》

リス:ちょっと頼りないけど、身軽な感じ。

P122

毛利《もうり》敬親《たかちか》

ゾウ:ドーンとどっしり構えている姿から。

P116

足利《あしかが》尊氏《たかうじ》

プレーリードッグ:仲間思いだけど頼りなさげ。

P108

徳川《とくがわ》家康《いえやす》

タヌキ:家康といえば「タヌキおやじ」のあだ名。

P102

織田《おだ》有楽斎《うらくさい》

ラッコ:賢く穏やかで、まわりとうまくやる平和主義。

P140

卑弥呼《ひみこ》

ユニコーン:幻の動物で姿が見られないレアキャラ。

P134

徳川《とくがわ》家綱《いえつな》

パンダ:のほほん、ゆうゆうとしたイメージ。

P128

皇極《こうぎょく》天皇

シカ:気弱そうだけど大胆なこともしそう。

P166

吉田《よしだ》兼好《けんこう》

オオカミ:ひとりが好きな一匹狼。

P160

坂本《さかもと》龍馬《りょうま》

ネズミ:すばしっこくて、じっとしていられない行動派。

P154

大石《おおいし》内蔵助《くらのすけ》

ライオン:ここぞのときだけがんばるオスライオン。

P148

鴨長明《かものちょうめい》

カモ:「鴨」なので……。ゆうゆうとしたイメージも。

監修 加来耕三《かくこうぞう》

歴史家・作家。奈良大学文学部史学科を卒業。同大学文学部研究員などを経て、著作活動に入る。テレビ・ラジオ番組への出演、歴史書の監修、マンガ・アニメの原作、大学講師、企業での講演など、幅広く活躍。著書に『徳川家康の勉強法』(プレジデント社)、『歴史の失敗学 25人の英雄に学ぶ教訓』(日経BP)など多数。

加来耕三 official website https://kaku-kouzo.com/

イラスト ミューズワーク(ねこまき)

2002年より、名古屋を拠点にイラストレーターとして活動を開始。コミックエッセイをはじめ、ねこや犬のゆるキャラマンガ、広告イラスト、アニメなどを手がける。著書に『ねこマンガ 在宅医たんぽぽ先生物語 さいごはおうちで』『ねこマンガ 在宅医たんぽぽ先生物語 おうちに帰ろう』(いずれも主婦の友社)、『ねことじいちゃん』(KADOKAWA)、『トラとミケ』(小学館)など多数。

スタッフ

装丁	澁谷明美
本文デザイン	茂木慎吾
執筆協力	根本 薫
校正	夢の本棚社
DTP	茂呂田剛(エムアンドケイ)
編集	永渕美加子(スリーシーズン)
編集担当	松本可絵(主婦の友社)

写真協力

メトロポリタン美術館

p.53:Rogers Fund, 1914 / p.73:The Harry G. C. Packard Collection of Asian Art, Gift of Harry G. C. Packard, and Purchase, Fletcher, Rogers, Harris Brisbane Dick, and Louis V. Bell Funds, Joseph Pulitzer Bequest, and The Annenberg Fund Inc. Gift, 1975 / p.73:Fletcher Fund, 1964

読《よ》むとなんだかラクになる

がんばらなかった逆偉人伝《ぎゃくいじんでん》 日本史編《にほんしへん》

2023年9月30日 第1刷発行

編 者 主婦の友社
発行者 平野健一
発行所 株式会社主婦の友社
〒141-0021 東京都品川区上大崎3-1-1 目黒セントラルスクエア
電話03-5280-7537(内容・不良品等のお問い合わせ)
049-259-1236(販売)
印刷所 大日本印刷株式会社